L'histoire des Gadsby

Rudyard Kipling

Happy Hour Books

Publié pa:

HAPPY HOUR BOOKS

www.happyhoursbooks.com

Email: happyhourbooks1@gmail.com

Première publication par Happy Hour Books en 2024

Copyright © Happy Hour Books 2024

Tous droits réservés

Titre : **L'histoire des Gadsby**

Broché ISBN: 9789358481648

Relié ISBN: 9789358485240

PAUVRE CHÈRE MAMAN

L'épervier sauvage au ciel balayé de vent,
Le cerf à la plaine salubre,
Le cœur d'un homme au cœur d'une fille
Comme c'était au temps d'antan.

(Chanson bohémienne.)

DÉCOR : — *Chambre de* MISS MINNIE THREEGAN *à Simla.* MISS THREEGAN *dans l'embrasure de la fenêtre, en train de fouiller dans un tiroir plein de toutes sortes de choses.*

MISS EMMA DEERCOURT, *amie de cœur, qui est venue passer la journée, assise sur le lit, en train d'agencer le corsage d'une robe de bal et une touffe de muguet artificiel. Cinq heures trente, par un chaud après-midi de mai.*

MISS DEERCOURT. — Et il a dit : « Je n'oublierai jamais cette danse », et, naturellement, j'ai répondu : « Oh, comment pouvez-vous être sot à ce point ! » Penses-tu, chérie, qu'il avait une intention ?

MISS THREEGAN (*sortant du fouillis un long bas de soie lavande*). — Tu le connais mieux que moi.

MISS D. — Oh, tâche d'être sympathique, Minnie ! Je suis sûre qu'il a une intention. Au moins j'en serais sûre s'il n'était pas toujours à monter à cheval avec cette odieuse Mrs. Hagan.

MISS T. — Je le suppose. Comment diable s'arrange-t-on, lorsqu'on danse, pour passer à travers ses talons les premiers ? Regarde-moi cela, si ce n'est pas honteux ? (*Elle tend le talon du bas sur sa main ouverte pour en faire l'inspection.*)

MISS D. — Ne t'en occupe pas ! Impossible à raccommoder. Aide-moi à arranger ce maudit corsage. J'ai passé le lacet comme ceci, je l'ai passé comme cela et je ne peux pas arriver à mettre le bombé en place. Et cela, où le mettrais-tu ? (*Elle montre les muguets.*)

5

MISS T. — Aussi haut sur l'épaule que possible.

MISS D. — Suis-je assez grande ? Je sais que cela fait paraître May Olger bancale.

MISS T. — Oui, mais elle n'a pas tes épaules. Les siennes ressemblent à une bouteille à vin du Rhin.

LE PORTEFAIX (*frappant à la porte*). — Le capitaine sahib est là.

MISS D. (*se levant avec effarement, et se mettant à la recherche de son corset qu'elle a banni eu égard à la chaleur du jour*). — Le capitaine sahib ? Quel capitaine sahib ? Oh, bonté divine, et je ne suis qu'à demi vêtue ! Eh bien, tant pis, je ne me dérangerai pas.

MISS T. (*avec calme*). — Inutile, en effet. Ce n'est pas pour nous. C'est le capitaine Gadsby. Il s'en va faire une promenade à cheval avec maman. Il vient en général cinq jours sur sept.

VOIX D'ANGOISSE (*d'une chambre intérieure*). — Minnie, cours donner du thé au capitaine Gadsby, et dis-lui que je serai prête dans dix minutes ; et, écoute, Minnie, viens ici un instant, tu serais si gentille !

MISS T. — Oh, zut ! (*A haute voix.*) Fort bien, maman.

> *Elle sort et réapparaît au bout de cinq minutes, les joues rouges et en se frottant les doigts.*

MISS D. — Comme tu es rouge ! Qu'est-il arrivé ?

MISS T. (*chuchotant de toutes ses forces*). — Vingt-quatre pouces de taille, et il faut que tout rentre. Où sont mes porte-bonheur ? (*Elle fouille sur la table de toilette, et se passe, dans l'intervalle, la brosse sur les cheveux.*)

MISS D. — Qui est ce capitaine Gadsby ? Je ne pense pas l'avoir jamais rencontré.

MISS T. — Oh si, pour sûr. Il est du clan Harrar. J'ai dansé avec lui, mais je ne lui ai jamais parlé. C'est un grand garçon jaune, absolument un poussin frais éclos, avec une é-norme moustache. Il marche comme ceci (*elle imite la démarche de la cavalerie*), et il fait « Ha-hmm ! » du fin fond de la gorge lorsqu'il ne trouve rien à dire. Maman le goûte. Pas moi.

MISS D. (*distraitement*). — La cire-t-il, cette moustache ?

MISS T. (*occupée avec la houppe à poudrer*). — Oui, je le pense. Pourquoi ?

MISS D. (*se penchant sur le corsage et cousant avec ardeur*). — Oh, rien... seulement...

MISS T. (*sévèrement*). — Seulement quoi ? Allons, dis, Emma.

MISS D. — Eh bien, May Olger — elle est fiancée à Mr. Charteris, tu sais — disait… — Tu me promets de ne pas le répéter ?

MISS T. — Oui, je te le promets. Qu'a-t-elle dit ?

MISS D. — Que… que d'être embrassée (tout d'un élan) par un homme qui ne cirait pas sa moustache, c'était… comme si l'on mangeait un œuf sans sel.

MISS T. (*du haut de sa grandeur, avec un mépris écrasant*). — May Olger est une horreur, et tu peux le lui répéter. Je suis heureuse qu'elle ne fasse pas partie de mon clan… Il faut que j'aille donner à manger à cet homme. Ai-je l'air présentable ?

MISS D. — Oui, parfaitement. Fais vite et passe-le à ta mère, pour que nous puissions causer. Moi, je vais écouter à la porte pour entendre ce que tu lui dis.

MISS T. — Pour ce que je m'en soucie. Je t'assure que je n'ai pas peur du capitaine Gadsby.

> *Comme preuve, elle pénètre dans le salon d'un grand pas masculin suivi de deux petits pas écourtés, ce qui produit l'effet d'un cheval rétif entrant. Elle manque LE CAPITAINE GADSBY, lequel est assis dans l'ombre du rideau, et elle jette tout alentour un regard désespéré.*

LE CAPITAINE GADSBY (*à part*). — La pouliche, mâtin ! doit avoir pigé cette allure à l'étalon. (*Haut, se levant.*) Bonsoir, miss Threegan.

MISS T. (*ayant conscience qu'elle rougit*). — Bonsoir, capitaine Gadsby. Maman m'a chargée de vous dire qu'elle sera prête dans quelques minutes. Ne prendriez-vous pas du thé ? (*A part.*) J'espère que maman va se dépêcher. Qu'est-ce que je vais bien dire à ce grand animal-là ? (*Haut et brusquement.*) Du lait et du sucre ?

LE CAP. G. — Pas de sucre, me-erci, et fort peu de lait. Ha-hmmm.

MISS T. (*à part*). — S'il fait cela, je suis perdue. Je vais rire. Je sais que je vais rire !

LE CAP. G. (*tirant sur sa moustache et la regardant de côté, au bas de son nez*). — Ha-hmmm. (*A part.*) Me demande ce dont la petite bécasse peut parler. Faut risquer le coup cependant.

MISS T. (*à part*). — Oh ! mais, c'est une torture ! Il faut que je dise quelque chose.

TOUS LES DEUX ENSEMBLE. — Êtes-vous allé…

LE CAP. G. — Je vous demande pardon. Vous alliez dire…

MISS T. *(qui est restée à regarder la moustache avec une fascination pleine de respect).* — Ne prendriez-vous pas des œufs ?

LE CAP. G. *(regardant d'un air effaré la table à thé).* — Des œufs ! *(A part.)* Diable ! c'est l'heure où elle fait quelque dînette. Je suppose qu'on lui a essuyé la bouche pour me l'envoyer tandis que la mère est en train de mettre ses frusques. *(Haut.)* Non, merci.

MISS T. *(pourpre de confusion).* — Oh ! ce n'est pas cela que je voulais dire. Je ne pensais pas pour un instant à des mou — à des œufs. Je voulais dire du sel. Ne prendriez-vous pas du s… des bonbons ? *(A part.)* Il va me prendre pour une folle furieuse. Je voudrais bien que maman arrive.

LE CAP. G. *(à part).* — C'était bien une dînette, et elle en a honte. Mâtin, elle n'a pas l'air si mal, lorsqu'elle rougit comme cela. *(Haut, en puisant lui-même dans l'assiette.)* Avez-vous vu ces nouveaux chocolats chez Péliti ?

MISS T. — Non, j'ai fait ceux-ci moi-même. De quoi ont-ils l'air ?

LE CAP. G. — Ceux-ci !… Dé-licieux. *(A part.)* Et c'est un fait.

MISS T. *(à part).* — Oh, zut ! il va croire que je suis en quête de compliments. *(Haut.)* Non, ceux de Péliti, naturellement.

LE CAP. G. *(avec enthousiasme).* — Pas à comparer avec ceux-ci. Comment les faites-vous ? Je ne peux arriver à ce que mon *khansamah*[1] comprenne la plus simple chose en dehors du mouton et du poulet.

[1] Cuisinier indigène.

MISS T. — Oui ? Je ne suis pas un khansamah, vous savez. Peut-être que vous lui faites peur. Il ne faut jamais faire peur à un domestique. Il perd la tête. C'est de très mauvaise politique.

LE CAP. G. — Il est d'une si effroyable bêtise.

MISS T. *(se croisant les mains sur les genoux).* — Il faudrait l'appeler tout tranquillement et lui dire : « O khansamah jee ! »

LE CAP. G. *(commençant à s'intéresser).* — Oui ! *(A part.)* Imaginez ce petit poids-léger disant : « O khansamah jee » à mon farouche Mir Khan !

MISS T. — Puis vous lui expliqueriez le dîner, plat par plat.

LE CAP. G. — Mais je ne sais pas parler le langage du pays.

MISS T. (*d'un air protecteur*). — Vous devriez passer l'examen des langues orientales et essayer.

LE CAP. G. — Je l'ai fait, mais il ne semble pas que j'en sois plus habile pour cela. Et vous ?

MISS T. — Je n'ai jamais passé l'examen. Mais le khansamah est très patient avec moi. Il ne se fâche pas quand je parle de topees (*chapeaux*) de mouton, alors que je veux dire des têtes, ou que je commande des maunds (*tonnes*) de grain, alors que je veux dire des livres.

LE CAP. G. (à part, avec une forte indignation). — Je voudrais voir Mir Khan se montrer grossier vis-à-vis de cette petite ! Allons, allons ! ne nous emballons pas. (*Haut.*) Et vous y entendez-vous aussi pour ce qui est des chevaux ?

MISS T. — Un peu… pas beaucoup. Je ne sais pas les médicamenter, mais je sais ce qu'il faut qu'ils mangent, et c'est moi qui suis chargée de l'écurie.

LE CAP. G. — Vraiment ! Vous pourriez m'aider, alors. Qu'est-ce qu'on doit donner à son *saïs*[2], dans les montagnes ? Mon brigand dit huit roupies parce que tout est si cher.

[2] Palefrenier.

MISS T. — Six roupies par mois, et une roupie de supplément à Simla… Ni plus ni moins. Et un coupeur d'herbe gagne six roupies, cela vaut mieux que d'acheter l'herbe au bazar.

LE CAP. G. (avec admiration). — Comment savez-vous ?

MISS T. — J'ai essayé l'un et l'autre.

LE CAP. G. — Vous montez donc beaucoup à cheval ? Je ne vous ai jamais vue sur le Mall ?

MISS T. (à part). — Je ne l'ai pas croisé plus de cinquante fois. (*Haut.*) Presque tous les jours.

LE CAP. G. — Sapristi ! Je ne savais pas cela. Ha-hmmm ! (*Il tire sur sa moustache et reste silencieux l'espace de quarante secondes.*)

MISS T. (éperdument, et se demandant ce qui va arriver). — Elle est très bien. A votre place je n'y toucherais pas. (*A part.*) C'est la faute à maman qui n'est pas venue plus tôt. Je vais être grossière !

LE CAP. G. (*se bronzant sous le hâle, et ramenant sa main très promptement*). — Hein ! Quo-oi ! Oh, oui ! Ha ! ha ! (Il rit d'un air gêné.) (A part.) Ah ! bien, elle en a un sacré toupet ! Je n'ai jamais encore vu une femme me dire cela. Ce doit être une mâtine, sans quoi… Ah ! cette dînette !

VOIX SORTANT DE L'INCONNU. — Tchk ! tchk ! tchk !

LE CAP. G. — Bonté divine ! Qu'est-ce que c'est que cela ?

MISS T. — Le chien, je crois. (*A part.*) Emma écoutait, et je ne le lui pardonnerai jamais !

LE CAP. G. (*à part*). — Ils n'ont pas de chien. (*Haut.*) On n'eût pas dit un chien, n'est-ce pas ?

MISS T. — Alors, ce devait être le chat. Allons dans la verandah. Quel délicieux après-midi !

> *Elle pénètre dans la verandah et regarde au loin dans les montagnes en plein soleil couchant. Le capitaine suit.*

LE CAP. G. (*à part*). — Des yeux superbes ! Je m'étonne de ne les avoir jamais encore remarqués. (*Haut.*) Il doit y avoir un bal au palais vice-royal mercredi. Pouvez-vous me réserver une danse ?

MISS T. (*brièvement*). — Non ! Je n'ai pas besoin de vos danses par charité. Vous ne m'invitez que parce que maman vous a dit de le faire. Je saute et je bouscule. Vous le savez bien !

LE CAP. G. (*à part*). — C'est vrai, mais ce n'est pas aux petites filles à comprendre ces choses-là. (*Haut.*) Non, sur ma parole, je ne le sais pas. Vous dansez à merveille.

MISS T. — Alors pourquoi vous arrêtez-vous toujours après une demi-douzaine de tours ! Je croyais que dans l'armée les officiers ne contaient jamais de craques.

LE CAP. G. — Ce n'était pas une craque, croyez-moi. Je sollicite réellement le plaisir d'une danse avec vous.

MISS T. (*avec malice*). — Pourquoi ? Est-ce que maman ne veut plus danser avec vous ?

LE CAP. G. (*plus vivement que ne le réclament les circonstances*). — Je ne pensais pas à madame votre mère. (*A part.*) Petite poison, va !

MISS T. (*regardant toujours par la fenêtre*). — Hein ? Oh, je vous demande pardon. Je pensais à autre chose.

LE CAP. G. (*à part*). — Eh bien ! je me demande ce qu'elle va pouvoir dire encore. Je n'ai jamais vu une femme me traiter de la sorte. Autant être — le diable m'emporte, — autant être sous-lieutenant d'infanterie. (*Haut.*) Oh ! je vous en prie. Je n'en vaux pas la peine. Madame votre mère n'est-elle pas encore prête ?

MISS T. — Je pense que oui ; mais promettez-moi, capitaine Gadsby, que vous ne ferez plus faire deux fois de suite le tour du Jakko à ma pauvre chère maman. Cela la fatigue tant !

LE CAP. G. — Elle prétend qu'aucun exercice ne la fatigue.

MISS T. — Oui, mais elle souffre après. Vous ne savez pas, vous, ce que c'est que les rhumatismes, et vous ne devriez pas la retenir dehors si tard, quand il se met, le soir, à faire frais.

LE CAP. G. (*à part*). — Les rhumatismes ! Il me semblait aussi qu'elle descendait de cheval un peu tout d'une pièce. Huuuou ! On s'instruit tous les jours. (*Haut.*) Je suis fâché de l'apprendre. Elle ne m'en a pas parlé.

MISS T. (*troublée*). — Naturellement non. La pauvre chère maman ne l'eût pas fait. Et il ne faut pas non plus aller raconter que je vous l'ai dit. Promettez-moi que vous ne le répéterez pas. Oh, capitaine Gadsby, promettez-le-moi !

LE CAP. G. — Je suis muet, ou… je le serai dès que vous m'aurez accordé cette danse, et une autre… si vous voulez bien prendre la peine de penser une minute à moi.

MISS T. — Mais cela ne vous plaira pas le moins du monde. Vous le regretterez affreusement ensuite.

LE CAP. G. — Cela me plaira par-dessus toutes choses, et ce que je regretterai, ce sera de ne pas avoir obtenu davantage. (*A part.*) De par tous les diables, qu'est-ce donc que je me mets à dire ?

MISS T. — Fort bien. Ce sera vous-même que vous aurez à remercier si l'on vous écrase les pieds. Dirons-nous la septième ?

LE CAP. G. — Et la onzième. (*A part.*) Elle ne peut pas peser plus de cent livres, et même alors, elle a le pied ridiculement petit. (Il jette les yeux sur ses propres bottes de cheval.)

MISS T. — Elles reluisent superbement. Je peux presque me mirer dedans.

LE CAP. G. — Je me demandais s'il me faudrait me servir de béquilles pour le reste de mes jours au cas où vous me marcheriez sur les pieds.

MISS T. — Fort probablement. Pourquoi ne pas changer la onzième pour un quadrille ?

LE CAP. G. — Non, je vous en prie ! Il faut que ce soient deux valses. Ne voulez-vous pas les marquer ?

MISS T. — Je ne reçois pas tant d'invitations que je doive les embrouiller. Ce sera vous le coupable.

LE CAP. G. — Attendez pour voir ! *(A part.)* Elle ne danse pas parfaitement, peut-être, mais…

MISS T. — Votre thé doit être froid maintenant. En voulez-vous une autre tasse ?

LE CAP. G. — Non, merci. Ne trouvez-vous pas qu'il fait plus agréable dehors sous la verandah. *(A part.)* Je n'ai jamais vu encore de cheveux prendre cette couleur au soleil couchant. *(Haut.)* C'est comme un tableau de Dicksee.

MISS T. — Oui ! c'est un merveilleux coucher de soleil, n'est-ce pas ? *(Crûment.)* Mais qu'est-ce que vous savez, vous, des tableaux de Dicksee ?

LE CAP. G. — Je retourne en Angleterre de temps en temps. Et je n'étais pas sans connaître les musées. *(Nerveusement.)* Il ne faut pas croire que je ne suis qu'un Philistin à… moustache.

MISS T. — Je vous en prie ! Je vous en supplie ! Je suis si fâchée de ce que je vous ai dit tout à l'heure. J'ai été affreusement impolie. C'est parti sans y penser. Est-ce que vous ne connaissez pas la tentation que l'on a parfois de dire des choses horribles et offensantes pour le seul plaisir de les dire ! J'ai peur d'y avoir cédé.

LE CAP. G. *(épiant la jeune fille qui rougit).* — Je crois connaître ce sentiment-là. Ce serait terrible si nous y cédions tous, n'est-ce pas ? Par exemple, je pourrais dire…

PAUVRE CHÈRE MAMAN *(entrant, amazone, chapeau d'homme et bottes).* — Ah ! le capitaine Gadsby ! Fâchée de vous faire attendre. J'espère que vous ne vous êtes pas trop ennuyé. Ma petite fille vous a tenu conversation ?

MISS T. (à part). — Je ne regrette pas d'avoir parlé des rhumatismes. Non ! non ! Je ne regrette qu'une chose, c'est de n'avoir pas mentionné aussi les cors.

LE CAP. G. *(à part).* — Quelle honte ! Je me demande l'âge qu'elle a. Cela ne m'était pas encore venu à l'idée. *(Haut.)* Nous avons discuté « Shakespeare et les harmonicas »[3] dans la verandah.

[3] Goldsmith. *Le Vicaire de Wakefield.*

MISS T. (*à part.*) — Qu'il est gentil ! Il connaît cette citation. Ce n'est pas un Philistin à moustache. (*Haut.*) Au revoir, capitaine Gadsby. (*A part.*) En voilà une main, et quelle poigne ! Je ne crois pas que ce soit avec intention, mais il m'a rentré les bagues dans les doigts.

PAUVRE CHÈRE MAMAN. — Est-ce que Vermillon n'est pas encore là ? Oh, oui ! Capitaine Gadsby, ne trouvez-vous pas que la selle est trop en avant ? (*Ils passent dans la verandah de devant.*)

LE CAP. G. (à part). — Comment, diantre, saurais-je ce qu'elle préfère ? Elle m'a dit qu'elle raffolait des chevaux. (*Haut.*) Je crois que oui.

MISS T. (s'en venant dans la verandah de devant). — Oh ! ce Buldoo ! Il faut que je le lui dise. Il a raccourci la gourmette de deux anneaux, et c'est chose que Vermillon déteste. (*Elle sort et va à la tête du cheval.*)

LE CAP. G. — Laissez-moi faire cela.

MISS T. — Non. Vermillon me comprend. N'est-ce pas, vieux ? (*Elle desserre adroitement la gourmette, et caresse le cheval aux narines et sous le cou.*) Pauvre Vermillon ! Est-ce qu'on voulait lui couper son menton ? Là !

LE CAPITAINE GADSBY *considère l'intermède avec une admiration non déguisée.*

PAUVRE CHÈRE MAMAN (*vertement à* MISS T.). — Tu as, je pense, oublié ton hôte, ma chère amie.

MISS T. — Bonté divine ! Mais oui ! Adieu. (*Elle bat promptement en retraite à l'intérieur.*)

PAUVRE CHÈRE MAMAN (*rassemblant les rênes dans des doigts empêchés par des gants trop étroits*). — Capitaine Gadsby !

LE CAP. GADSBY *se baisse et fait le marchepied.* PAUVRE CHÈRE MAMAN *tâtonne, stationne trop longtemps, et passe au travers.*

LE CAP. G. (à part). — Je ne peux pas tenir en l'air cent soixante livres toute une éternité. Ce sont vos rhumatismes. (*Haut.*) Je ne peux croire que j'aie été si maladroit. (*A part.*) Si ç'avait été Petit-Poidsléger, elle se fût enlevée comme un oiseau.

Ils sortent à cheval du jardin. Le capitaine se laisse distancer.

LE CAP. G. (*à part*). — Comme cette amazone la pince sous les bras ! Peuh !

PAUVRE CHÈRE MAMAN (*avec le sourire effacé de seize saisons, le pire pour l'échange*). — Vous êtes terne, cet après-midi, capitaine Gadsby.

LE CAP. G. (*éperonnant d'un air las*). — Pourquoi m'avez-vous fait attendre si longtemps ?

Et cætera, et cætera, et cætera.

(UN INTERVALLE DE TROIS SEMAINES)

LA JEUNESSE DORÉE (*assise sur les balustrades en face de l'hôtel de ville*). — Hé, Gaddy ! Venez de promener la Gorgonzola ! Nous pensions tous que c'était à la Gorgone[4] que vous faisiez la cour.

[4] Dans la société anglo-indienne chacun reçoit un surnom.

LE CAP. G. (*d'un ton foudroyant*). — Espèce d'ourson ! Qu'est-ce que nom de D. cela peut bien vous faire ?

Il se lance, à l'adresse de la JEUNESSE DORÉE, *dans tout un sermon sur la retenue et le savoir-vivre, lequel aplatit l'autre comme une lanterne vénitienne. Il s'éloigne courroucé.*

(AUTRE NOUVEL INTERVALLE DE CINQ SEMAINES)

DÉCOR. — *Extérieur de la nouvelle bibliothèque de Simla par un soir de brouillard.* MISS THREEGAN *et* MISS DEERCOURT *se rencontrent au milieu des rickshaws.* MISS T. *porte un paquet de livres sous le bras gauche.*

MISS D. (*ton égal*). — Eh bien ?

MISS T. (*ton ascendant*). — Eh bien ?

MISS D. (*emprisonnant le bras gauche de son amie, enlevant tous les livres, plaçant les livres dans une rickshaw, revenant au bras, s'emparant de la main par le troisième doigt et cherchant*). — Eh bien ! C'en est une vilaine fille ! Et tu ne m'en aurais pas soufflé mot !

MISS T. (*modestement).* — Il… il… il n'a parlé que hier dans l'après-midi.

MISS D. — Tous mes souhaits, ma chère. Et je vais être demoiselle d'honneur, n'est-ce pas ? Tu sais que tu l'as promis il y a si longtemps.

MISS T. — Cela va sans dire. Je te raconterai tout demain. (*Elle entre dans la rickshaw.*) Oh ! Emma !

MISS D. (*avec un intense intérêt*). — Oui, chère amie ?

MISS T. (*piano*). — C'est parfaitement vrai… à propos… de l'… œuf.

MISS D. — Quel œuf ?

MISS T. (*pianissimo prestissimo*). — L'œuf sans le sel. (*Forte.*) *Chalo ghar ko jaldi, jhampani !*[5]

[5] A la maison, jhampani.

LE MONDE EXTÉRIEUR

Certaines gens d'importance.

DÉCOR. — *Fumoir du Degchi Club. Dix heures et demie, par une soirée étouffante pendant les pluies. Quatre hommes dispersés dans des attitudes pittoresques et des fauteuils. Entre en scène BLAYNE, des Irregular Moguls, en tenue du soir.*

BLAYNE. — Phuuu ! On devrait bien pendre le juge dans sa boutique. Ici, *khitmatgar* ! Un poora[6] whisky pour m'enlever le goût de la bouche.

[6] Fort.

CURTISS (Royal Artillery). — Ah, c'est cela, vraiment ? Qu'est-ce qui diable a pu vous faire aller dîner chez le juge ? Vous connaissez sa bandobust[7].

[7] Cuisine.

BLAYNE. — Pensais que cela ne pouvait être pire que le club ; mais je parierais qu'il achète de la liqueur de vidange, et qu'il la drogue de gin et d'encre. (*Regardant autour de la pièce.*) Est-ce tout ce que vous êtes, ce soir ?

DOONE (*des Travaux Publics*). — On a appelé Anthony pendant le dîner. Mingle avait mal au ventre.

CURTISS. — Miggy meurt du choléra une fois par semaine pendant les pluies, et se saoule de chlorodyne dans l'intervalle. Bon petit type, quand même. Du monde chez le juge, Blayne ?

BLAYNE. — Cockley et *sa memsahib*, qui paraît affreusement pâle et éreintée. Une jeune fille quelconque — n'ai pas saisi le nom — en route pour les montagnes, sous l'égide des Cockley — le juge et Markyn, frais arrivé de Simla… dégoûtant de bonne santé.

CURTISS. — Seigneur Dieu, que de splendeurs ? Y avait-il assez de glace ? La dernière fois que je broutai là, j'en eus tout un morceau… presque aussi gros qu'une noix. Qu'est-ce que disait Markyn ?

BLAYNE. — Il paraît que tout le monde se donne du bon temps, là-haut, malgré la pluie. Sacrebleu, cela me rappelle ! Je savais bien que je n'étais pas venu pour le simple plaisir de votre société. Des nouvelles ! De grandes nouvelles ! C'est Markyn qui me l'a raconté.

DOONE. — Qui est-ce qui est mort ?

BLAYNE. — Personne, que je sache ; mais Gaddy a fini par se laisser mettre le grappin dessus !

TOUS EN CHŒUR. — Comment, diable ! Markyn s'est payé votre tête. Pas GADDY !

BLAYNE (*fredonnant*). — « Oui-da, en vérité, en vérité, en vérité ! En vérité, en vérité, je te le dis, » Théodore, le présent de Dieu ! Notre Philippe ! La chose a été promulguée.

MACKESY (*avocat*). — Peuh ! Les femmes promulgueront n'importe quoi. Que dit l'accusé ?

BLAYNE. — Markyn m'a dit l'avoir congratulé avec circonspection… une main tendue, l'autre prête à se mettre en garde. Gaddy a piqué un fard et a déclaré qu'il en était ainsi.

CURTISS. — Pauvre vieux Gaddy ! Ils y arrivent tous. Qui est-elle ? Écoutons les détails.

BLAYNE. — C'est une jeune fille… dont le père est un certain colonel Quelque Chose.

DOONE. — Simla en est bondé, de filles de colonels. Soyez plus explicite.

BLAYNE. — Attendez donc. Quel était son nom ? Three… quelque chose. Three…

CURTISS. — Trois Étoiles[8], comme on dit en français. Gaddy connaît cette marque-là.

[8] En anglais, trois se *dit three.*

BLAYNE. — Threegan… Minnie Threegan.

MACKESY. — Threegan ! N'est-ce pas un petit brin de fille aux cheveux rouges ?

BLAYNE. — Quelque chose comme cela… d'après ce que dit Markyn.

MACKESY. — Alors, je l'ai rencontrée. Elle était à Lucknow la saison dernière. Possédait une maman atteinte de jeunesse chronique, et dansait abominablement. Dites-moi, Jervoise, vous avez connu les Threegan, n'est-ce pas ?

JERVOISE *(fonctionnaire de vingt-cinq années de service, se réveillant de son somme)*. — Hein ! Qu'est-ce que c'est ? Connu qui ? Comment ? Je me croyais au pays, Dieu vous confonde !

MACKESY. — La petite Threegan est fiancée, à ce que dit Blayne.

JERVOISE *(avec lenteur)*. — Fiancée… fiancée ! Par exemple ! voilà qui ne me rajeunit pas ! La petite Minnie Threegan fiancée. C'était encore l'autre jour que j'allais au pays avec elle sur le Surat — non, le Massilia — et elle se traînait à quatre pattes au milieu des ayahs. Elle m'appelait le « Tic Tac sahib » parce que je lui montrais ma montre. Et c'était, cela, en 67… non, 70. Bon Dieu, comme le temps marche ! Me voici un vieillard. Je me rappelle quand Threegan épousa Miss Derwent — fille du vieux Hooky Derwent… mais c'était avant vous. Ainsi, le petit bébé est fiancé pour avoir un petit bébé à son tour ! Qui est l'autre insensé ?

MACKESY. — Gadsby, des Hussards Roses.

JERVOISE. — Connais pas. Threegan a vécu dans les dettes, s'est marié dans les dettes, et mourra dans les dettes. Doit être content de se voir débarrassé de la petite.

BLAYNE. — Gaddy a de l'argent… le veinard. Une terre au pays aussi.

DOONE. — Il sort de la haute. Peux pas arriver à comprendre comment il s'est laissé pincer par la fille d'un colonel, et *(regardant prudemment autour de lui)* d'infanterie indigène encore ! Sans vous offenser, Blayne.

BLAYNE *(avec raideur)*. — Non, au contraire, me-erci.

CURTISS *(citant la devise des Irregular Moguls)*. — « Nous sommes ce que nous sommes », hein, mon vieux ? Mais Gaddy était en général un type si supérieur. Pourquoi n'est-il pas allé au pays choisir sa femme ?

MACKESY. — Ils sont tous pareils quand ils arrivent au tournant dans la ligne droite. Vers trente ans, un homme commence à en avoir assez de vivre seul…

CURTISS. — Et de l'éternelle côtelette de mouton le matin.

DOONE. — En général, c'est de la chèvre morte, mais continuez, Mackesy.

MACKESY. — Une fois qu'un homme a pris cette voie, rien ne le retiendra. Vous rappelez-vous Benoît de votre service, Doone ? On le transféra à Tharanda lorsque son tour vint, et il épousa la fille d'un poseur de la voie, ou quelque chose d'approchant. C'était l'unique femelle de l'endroit.

DOONE. — Oui, le pauvre idiot ! Cela brisa du coup ses chances d'avancement. Mrs. Benoît avait l'habitude de vous demander : « C'est-y qu'on vous verra à la danse, ce soir ? »

CURTISS. — Voyons, après tout ! Gaddy n'a pas fait un mariage au-dessous de lui. Il n'y a pas de sang noir dans la famille, je suppose.

JERVOISE. — De sang noir ! Pas pour un anna. Vous autres, jeunes garnements, vous parlez comme si le monsieur faisait un honneur à la jeune fille en l'épousant. Vous êtes tous trop infatués de vous-mêmes…, il n'y aurait jamais rien d'assez bon pour vous.

BLAYNE. — Pas même un club désert, un sacré sale dîner chez le juge, et une station aussi insalubre qu'un hôpital. Vous avez parfaitement raison. Nous sommes une collection de sybarites.

DOONE. — De luxurieux coquins vautrés dans…

CURTISS. — L'éruption de chaleur entre les épaules. J'en suis couvert. Espérons que Béora sera plus frais.

BLAYNE. — Uhhhou ! Est-ce qu'on vous envoie, vous aussi, camper ? Je croyais que les artilleurs avaient une feuille blanche.

CURTISS. — Non, malheureusement. Deux cas hier — l'un est mort — et si nous en avons un troisième, nous nous en allons. Est-ce qu'on peut chasser, à Béora, Doone ?

DOONE. — Le pays est sous l'eau, sauf le morceau contre la Grand Trunk Road. J'y étais hier à visiter un *bund*[9], et j'y ai trouvé quatre pauvres diables à leur dernière étape. C'est plutôt mauvais, d'ici à Kuchara.

[9] Barrage.

CURTISS. — Alors, nous sommes à peu près certains d'écoper dans les grandes largeurs. Ah ! je ne craindrais pas de changer avec Gaddy pour quelque temps. L'amour avec Amaryllis à l'ombre de l'hôtel de ville, et le reste. Oh ! pourquoi ne vient-il pas quelqu'un m'épouser, au lieu de me laisser aller dans un camp de choléra ?

MACKESY. — Demandez cela au comité du cercle.

CURTISS. — Animal ! voilà qui va vous coûter une tournée. Blayne, qu’est-ce que vous prenez ? Mackesy est à l’amende pour immoralité. Doone, avez-vous une préférence ?

DOONE. — Un petit verre de kummel, s’il vous plaît. C’est un excellent carminatif par ce temps-ci. C’est Anthony qui me l’a dit.

MACKESY (*signant un bon pour quatre verres*). — Châtiment on ne peut plus injuste. Je pensais seulement à Curtiss en Actéon poursuivi autour des billards par les nymphes de Diane.

BLAYNE. — Il faudrait que Curtiss fît l’importation de ses nymphes par chemin de fer. Mrs. Cockley est l’unique femme de la station. Elle ne quitterait pas Cockley, et il fait de son mieux pour arriver à ce qu’elle s’en aille.

CURTISS. — Cela, c’est bien ! A la santé de Mrs. Cockley. A l’unique femme de la station, et une femme sacrément brave !

TOUS (buvant). — Une femme sacrément brave !

BLAYNE. — Je suppose que Gaddy amènera sa femme ici à la fin du froid. Ils se marient presque immédiatement, je crois.

CURTISS. — Gaddy peut remercier son étoile de ce que les Hussards Roses sont tous en détachement et pas au quartier général pendant ces chaleurs, sans quoi il se trouverait arraché aux bras de son amour, sûr comme la mort. Avez-vous jamais remarqué la liberté d’esprit avec laquelle la cavalerie britannique s’adonne au choléra. C’est parce qu’ils coûtent si cher. Si les Roses avaient tenu bon ici, ils seraient partis camper il y a un mois. Oui, je voudrais bien décidément être à la place de Gaddy.

MACKESY. — Il ira au pays après son mariage, et donnera sa démission… vous verrez cela.

BLAYNE. — Pourquoi ne le ferait-il pas ? N’a-t-il pas de l’argent ? Est-ce qu’il y en aurait ici un seul d’entre nous si nous n’étions pas tous des gueux ?

DOONE. — Pauvre vieux gueux ! Que sont devenues les six cents roupies que vous avez subtilisées à notre table le mois dernier ?

BLAYNE. — Elles se sont donné des ailes. Je crois qu’un commerçant quelque peu entreprenant en a eu sa part, et qu’un *shroff*[10] a gobé le reste… Ou, pour mieux dire, je les ai dépensées.

[10] Usurier.

CURTISS. — Gaddy, lui, n'a jamais de sa vie eu affaire à un *shroff*.

DOONE. — Vertueux Gaddy ! Si j'avais, moi, trois mille roupies par mois, qui me viennent d'Angleterre, je ne crois pas que j'aurais affaire à *un shroff*.

MACKESY (*bâillant*). — Oh ! c'est une vie délicieuse ! Je me demande si le mariage en augmenterait le charme.

CURTISS. — Demandez à Cockley… avec sa femme qui meurt à petit feu !

BLAYNE. — Allez au pays demander à quelque petite sotte de s'en venir par ici — qu'est-ce que dit Thackeray ? — « au splendide palais d'un proconsul indien ».

DOONE. — Ce qui me rappelle. Mon logis laisse passer l'eau comme un crible. J'ai eu la fièvre, la nuit dernière, d'avoir dormi dans un marécage. Et le pire, c'est qu'il n'y a rien à faire à un toit, jusqu'à ce que les pluies soient passées.

CURTISS. — Qu'est-ce qui vous chiffonne ? Vous n'avez pas, vous, quatre-vingts piou-pious en train de pourrir, à conduire dans le courant d'un fleuve.

DOONE. — Non, mais je suis tout en clous et en jurons. Je suis un véritable Job par tout le corps. C'est pure pauvreté de sang, et je ne vois aucune chance de devenir plus riche… ni de l'une ni de l'autre façon.

BLAYNE. — Ne pouvez-vous pas prendre un congé ?

DOONE. — C'est là l'avantage que vous autres, les gens de l'armée, vous avez sur nous. Dix jours, ce n'est rien à vos yeux. Moi, je suis si important que le gouvernement ne peut me trouver de remplaçant si je m'en vais. Ou-ui, je voudrais être à la place de Gaddy, quelle que puisse être sa femme.

CURTISS. — Vous avez passé le tournant de la vie dont Mackesy parlait.

DOONE. — Certes, je l'ai passé, mais je n'ai jamais encore eu la brutalité de demander à une femme de partager mon existence par ici.

BLAYNE. — Sur mon âme, je crois que vous avez raison. Je pense à Mrs. Cockley. C'est une véritable ruine que cette femme.

DOONE. — Absolument. Parce qu'elle reste ici en bas. Le seul moyen de la conserver en état serait de l'envoyer dans les montagnes pendant huit mois — et la même chose avec n'importe quelle femme. Je me vois prenant femme dans ces conditions.

MACKESY. — Avec la roupie à un shilling six pence. Les petits Doone deviendraient des petits Doone de Dehra avec un bel accent chi-chi de Mussourie à rapporter à la maison pour les vacances.

CURTISS. — Et une paire de belles cornes de sambhur à porter pour Doone, franco de port, offertes par…

DOONE. — Oui, c'est une perspective enchanteresse. En passant, la roupie n'a pas encore fini de baisser. Le temps viendra où il faudra nous trouver heureux si nous ne perdons que la moitié de notre solde.

CURTISS. — J'aurais cru qu'un tiers suffisait comme perte. Qui est-ce qui gagne à l'arrangement ? C'est ce que je voudrais bien savoir.

BLAYNE. — La question d'argent ! Je vais me coucher si vous vous mettez à vous chamailler. Grâces soient rendues, voici Anthony… qui a l'air d'une ombre.

Entre ANTHONY, du corps médical des Indes, très pâle et très fatigué.

ANTHONY. — Bonsoir, Blayne. Il pleut à torrents. Apporte-moi un whisky-soda, khitmatgar. Les routes sont quelque chose d'affreux.

CURTISS. — Comment va Mingle ?

ANTHONY. — Très mal, et plus de peur encore. Je l'ai passé à Fewton. Mingle aurait tout aussi bien pu commencer par l'appeler au lieu de me tracasser.

BLAYNE. — C'est un petit type nerveux. Qu'est-ce qu'il a, cette fois-ci ?

ANTHONY. — Ne saurais trop dire. Le ventre très mauvais et jusqu'ici une peur bleue. Il m'a demandé tout de suite si c'était le choléra, et je lui ai répondu de ne pas faire la bête. Cela l'a calmé.

CURTISS. — Pauvre diable ! La frousse fait la moitié de la besogne chez un homme de cet acabit.

ANTHONY (*allumant un cheroot*). — Je crois fermement que la frousse le tuera s'il reste en bas. Vous savez la somme d'ennui qu'il a causée à Fewton pendant ces trois dernières semaines. Il fait tout ce qu'il peut pour mourir de peur.

CHŒUR GÉNÉRAL. — Pauvre petit diable ! Pourquoi ne s'en va-t-il pas ?

ANTHONY. — Ne peut pas. Il a sa permission en règle, mais il est tellement à fond de cale qu'il ne peut la prendre, et je ne crois pas que sa signature vaudrait quatre annas. Ceci en confidence, toutefois.

MACKESY. — Toute la station le sait.

ANTHONY. — « Je suppose qu'il me faudra mourir ici », a-t-il dit, en se tordant en travers de son lit. Il est absolument persuadé qu'il va s'en aller ad patres. Et je sais pertinemment qu'il n'a rien de plus qu'un ventre de temps humide, si seulement il pouvait prendre un peu le dessus.

BLAYNE. — C'est mauvais, c'est très mauvais. Pauvre petit Miggy ! Bon petit type tout de même. Dites donc ?

ANTHONY. — Quoi « dites donc » ?

BLAYNE. — Eh bien, écoutez… voici… Si c'est comme cela… comme vous dites… moi, je dis cinquante.

CURTISS. — Je dis cinquante.

MACKESY. — J'y vais de vingt de plus.

DOONE. — Gros Crésus du bar ! Je dis cinquante. Jervoise, que dites-vous ? Hi ! Réveillez-vous !

JERVOISE. — Hein ? Qu'est-ce que c'est ? Qu'est-ce que c'est ?

CURTISS. — Nous voulons vous soutirer cent roupies. Vous êtes un célibataire à revenus gigantesques, et il y a un homme dans le lac.

JERVOISE. — Quel homme ? Quelqu'un de mort ?

BLAYNE. — Non, mais il mourra si vous ne donnez pas les cent. Tenez ! voici un bon tout prêt. Vous pouvez voir pour combien nous avons signé, et l'homme d'Anthony viendra demain l'encaisser. De sorte qu'il n'y aura pas de difficultés.

JERVOISE (*signant*). — Cent. E.M.J. Voilà. (*Faiblement.*) Ce n'est pas une de vos facéties, n'est-ce pas ?

BLAYNE. — Non, il les vaut vraiment. Anthony, vous avez été le plus gros gagnant au poker la semaine dernière et vous avez frustré le percepteur trop longtemps. Signez !

ANTHONY. — Voyons, trois cinquante et un soixante-dix… deux cent vingt… trois cent vingt… disons quatre cent vingt. Cela lui donnera un bon mois dans les montagnes. Mille merci, vous autres. J'enverrai le *chaprassi*[11] demain.

[11] Commis.

CURTISS. — Il faut vous arranger pour qu'il accepte, et naturellement il ne faut pas…

ANTHONY. — Naturellement. Cela ne ferait pas l'affaire. Il s'en irait pleurer de gratitude sur son verre du soir.

BLAYNE. — Maudit soit-il, c'est bien ce qu'il irait faire. Oh ! dites-moi, Anthony, vous qui prétendez tout savoir : avez-vous entendu parler de Gaddy ?

ANTHONY. — Non. Un procès en divorce, enfin ?

BLAYNE. — Pire. Il est fiancé !

ANTHONY. — Comment dites-vous ? Pas possible !

BLAYNE. — Plus que possible. Il va se marier dans quelques semaines. C'est Markyn qui me l'a dit chez le juge ce soir. C'est *pukka*[12].

[12] Une affaire réglée.

ANTHONY. — Vous ne parlez pas sérieusement ? Saperlipopette ! Il y aura du grabuge sous les tentes de Cédar.

CURTISS. — Croyez-vous que le régiment montrera son mécontentement ?

ANTHONY. — Ne sais quoi que ce soit sur le régiment.

MACKESY. — C'est la bigamie, alors ?

ANTHONY. — Peut-être bien. Voulez-vous dire que vous autres, vous avez oublié, ou est-ce qu'il y a dans le monde plus de charité que je ne pensais ?

DOONE. — Cela ne vous embellit pas d'essayer de garder un secret. Vous gonflez à péter. Expliquez.

ANTHONY. — Mrs. Herriott.

BLAYNE *(après une longue pause, à tout le monde à la ronde)*. — C'est mon avis que nous sommes une collection d'idiots.

MACKESY. — Allons donc ! Cette affaire-là était morte et enterrée à la saison dernière. Comment donc ? Le jeune Mallard…

ANTHONY. — Mallard tenait la chandelle. C'est pour cela qu'il était là. Réfléchissez un instant. Rappelez-vous la saison dernière et ce qu'on disait. Mallard ou pas Mallard, Gaddy a-t-il adressé la parole à une seule autre femme ?

CURTISS. — Il y a quelque chose là-dedans. C'était quelque peu remarquable, maintenant que vous en parlez. Mais elle est à Naini Tal et il est à Simla.

ANTHONY. — Il lui a fallu aller à Simla pour piloter un globe-trotter de sa famille… un personnage titré, oncle ou tante.

BLAYNE. — Et c'est là qu'il s'est fiancé. Il n'y a pas de loi qui empêche un homme de se fatiguer d'une femme.

ANTHONY. — Sauf qu'il ne doit pas le faire tant que la femme n'est pas fatiguée de lui. Et ce n'était pas le cas de la Herriott.

CURTISS. — Il se peut qu'elle le soit maintenant. Deux mois de Naini Tal accomplissent des prodiges.

DOONE. — C'est curieux comme il y a des femmes qui portent un sort avec elles. Il y avait une certaine Mrs. Deegie, dans les provinces du centre, que les hommes finissaient invariablement par quitter pour se marier. C'était passé en proverbe parmi nous quand j'étais là-bas. Je me souviens de trois hommes qui étaient éperdument à sa dévotion, et qui, tous, l'un après l'autre, prirent femme.

CURTISS. — C'est bizarre. Pour moi, j'aurais pensé que l'influence de Mrs. Deegie devait les pousser à prendre les femmes des autres. Cela aura dû leur inspirer la crainte du jugement de la Providence.

ANTHONY. — Mrs. Herriott inspirera à Gaddy la crainte de quelque chose de plus que le jugement de la Providence, j'imagine.

BLAYNE. — En supposant que les choses soient comme vous dites, ce serait un imbécile d'aller affronter cette femme. Il ne bougera pas de Simla.

ANTHONY. — Serais pas le moins du monde surpris qu'il s'en aille à Naini s'expliquer. C'est une espèce d'homme incompréhensible, et, quant à elle, c'est probablement une femme plus qu'incompréhensible.

DOONE. — Qu'est-ce qui vous fait la débiner avec une pareille confiance ?

ANTHONY. — *Primum tempus.* Gaddy a été son premier, et une femme ne laisse pas échapper son premier amant sans se plaindre. Elle se justifie à elle-même le premier transfert d'affection en jurant que c'est pour toujours et toujours. Par conséquent…

BLAYNE. — Par conséquent, nous voilà assis jusqu'à une heure passée à causer scandale comme un cénacle de portières. Anthony, c'est aussi votre faute. Nous étions parfaitement respectables jusqu'au moment où vous êtes entré. Allez vous coucher. J'y vais. Bonne nuit tous.

CURTISS. — Une heure passée ! Il est deux heures passées, sur mon âme, et voici venir le khit pour l'extra. Justes cieux ! Une, deux, trois, quatre, cinq roupies à payer pour le plaisir de dire qu'un pauvre petit diable de femme ne vaut pas mieux que cela. J'ai honte de moi-même. Allez vous coucher, méchantes langues, et si l'on m'envoie demain à Béora, préparez-vous à apprendre que je suis mort avant de payer mes dettes de jeu !

LES TENTES DE CÉDAR

> Only why should it be with stain at all,
> Why must I, 'twixt the leaves of coronal
> Put any kiss of pardon on thy brow ?
> Why should the other women know so much,
> And talk together « such the look and such
> The smile he used to love with, then as now ! »
>
> *Any wife to any Husband*[13].

[13] Robert Browning.

DÉCOR. — *Un dîner de Naini Tal de trente-quatre couverts. Argenterie, vins, vaisselle, et khitmatgars soigneusement calculés à l'échelle de 6.000 roupies par mois, le change en moins. La table divisée dans toute sa longueur par une haie de fleurs.*

MRS. HERRIOTT (*après que la conversation s'est élevée au diapason convenable*). — Ah ! Je ne vous ai pas vu dans la cohue au salon. (*Sotto voce.*) Où avez-vous bien pu être tout ce temps-là, Pip ?

LE CAPITAINE GADSBY (*se détournant de la dame dont il a reçu officiellement la charge et remuant les verres à vin du Rhin*). — Bonsoir. (*Sotto voce.*) Pas tout à fait si haut une autre fois. Vous n'avez pas idée comme votre voix porte. (*A part.*) Voilà ce que c'est que d'avoir voulu esquiver l'explication écrite. Il va maintenant la falloir verbale. Charmante perspective ! Comment diable vais-je lui dire que je suis fiancé, membre respectable de la société, et que tout est fini entre nous.

MRS. H. — J'ai un gros compte à régler avec vous. Où étiez-vous, au concert Pop[14] de lundi ? Où étiez-vous mardi ? Où étiez-vous au tennis des Lamont ? Je cherchais partout.

[14] Concert populaire.

LE CAP. G. — Pour me voir ? Oh ! j'étais en vie quelque part, je suppose. (*A part.*) C'est pour Minnie, mais cela va être salement désagréable.

MRS. H. — Ai-je fait quelque chose pour vous offenser ? Si oui, cela n'a jamais été mon intention. Je ne pouvais m'abstenir d'aller faire une promenade à cheval avec ce Vaynor. C'était promis une semaine avant que vous n'arriviez.

LE CAP. G. — J'ignorais…

MRS. H. — Cela l'*était* vraiment.

LE CAP. G. — Quoi que ce soit à ce sujet, voilà ce que je veux dire.

MRS. H. — Qu'est-ce que vous avez aujourd'hui ? Tous ces jours-ci ? Il y a quatre grands jours, presque cent heures, que vous n'avez été près de moi. Est-ce *gentil* à vous, Pip ? Et j'ai tant attendu votre arrivée !

LE CAP. G. — Vraiment ?

MRS. H. — Vous le savez bien ! J'ai été aussi sotte à ce propos qu'une pensionnaire. J'ai fait un petit calendrier que j'ai mis dans mon porte-cartes, et chaque fois que le canon de midi partait, j'effaçais une ligne et disais : « cela me rapproche de Pip. *Mon* Pip ! »

LE CAP. G. (*avec un rire contraint*). — Que va penser Mackler si vous le négligez pareillement.

MRS. H. — Et cela ne vous a pas rapproché. Vous paraissez beaucoup plus loin que jamais. Avez-vous quelque raison de bouder ? Je connais votre caractère.

LE CAP. G. — Non.

MRS. H. — Suis-je donc devenue vieille dans ces quelques derniers mois ? (*Elle étend la main vers la haie de fleurs pour prendre le menu.*)

VOISIN DE GAUCHE. — Permettez-moi. (*Il tend le menu. MRS. H. reste le bras étendu l'espace de trois secondes.*)

MRS. H. (*au voisin, son cavalier*). — Oh ! merci, je ne voyais pas. (*Elle se retourne à droite.*) — Y a-t-il en moi quelque chose de changé ?

LE CAP. G. — De grâce occupez-vous de dîner ! Il faut manger quelque chose. Essayez une de ces façons de côtelettes. (*A part.*) Et je m'imaginais qu'elle avait de belles épaules, au beau temps jadis ! Quel âne on peut faire de soi !

MRS. H. (*se servant une manchette de papier, sept pois, quelques carottes découpées à l'emporte-pièce et une cuillerée de sauce*). — Ce n'est pas une réponse. Dites-moi si j'ai fait quelque chose.

LE CAP. G. (*à part*). — Si l'on n'en finit pas ici, il y aura quelque scène diabolique ailleurs. Si seulement j'avais écrit et que j'eusse accepté la bataille… à longue portée ! (*Au khitmatgar.*) *Han ! Simpkin do*[15]. (*Haut.*) Je vous raconterai cela plus tard.

[15] Oui, du champagne.

MRS. H. — Racontez-le-moi *tout de suite*. Ce doit être quelque ridicule malentendu, et vous savez qu'il ne devait rien arriver de la sorte entre nous. *Nous*, moins que personne ne pouvons nous le permettre. C'est ce Vaynor et vous ne voulez pas le dire ? Sur mon honneur…

LE CAP. G. — Je n'ai jamais pensé un instant à ce Vaynor.

MRS. H. — Mais comment savez-vous que moi, je n'y ai pas pensé ?

LE CAP. G. (*à part*). — Voici l'occasion et puisse le diable me la faire prendre aux cheveux. (*Haut et d'un ton mesuré.*) Croyez-moi, peu m'importe que vous pensiez plus ou moins souvent à ce Vaynor, ni que vous y pensiez d'une façon plus ou moins tendre.

MRS. H. — Je me demande si c'est bien ce que vous voulez dire… Oh ! qu'est-ce que cela rapporte de se chamailler et de prétendre ne pas se comprendre quand vous n'êtes ici en haut que pour si peu de temps. Pip, ne faites pas la bête !

Suit une pause, pendant laquelle il croise sa jambe gauche par-dessus la droite et continue son dîner.

LE CAP. G. (*en réponse à l'orage qui s'amasse dans les yeux de* MRS. H.). — Oh là là, mes cors… C'est mon plus sensible.

MRS. H. — Ma parole, vous êtes l'homme le plus grossier de la terre ! Jamais plus je ne recommencerai.

LE CAP. G. (*à part*). — Non, je ne crois pas que vous recommenciez ; mais je me demande ce que vous ferez avant que tout soit fini. (*Au khitmatgar.*) *Thorah ur Simpkin do*[16].

[16] Donnez-moi du champagne.

MRS. H. — Eh bien ! vous n'avez pas même la politesse de vous excuser, vilain homme ?

LE CAP. G. (*à part*). — Ce n'est pas la peine de lâcher pied maintenant. Fiez-vous à une femme pour être aveugle comme une taupe lorsqu'elle ne veut pas voir.

MRS. H. — J'attends. Ou vous sied-il que je dicte une formule d'excuse ?

LE CAP. G. (*en désespéré*). — Parfaitement, dictez.

MRS. H. (*gaîment*). — Fort bien. Répétez tous vos noms de baptême après moi et continuez : « Professe mon sincère repentir… »

LE CAP. G. — « Sincère repentir… »

MRS. H. — « Pour m'être conduit… »

LE CAP. G. (*à part*). — Enfin ! Si seulement elle voulait regarder ailleurs. (*Haut.*) « Pour m'être conduit »… comme je me suis conduit, et déclare que je suis à fond et franchement malade de toute cette histoire, et saisis cette occasion de faire connaître clairement mon intention d'y mettre fin, maintenant, désormais, et pour toujours. (*A part.*) Si quelqu'un m'eût dit que je jouerais jamais ce rôle de mufle !…

MRS. H. (*versant une cuillerée de pommes de terre paille dans son assiette*). — Ce n'est pas une belle plaisanterie.

LE CAP. G. — Non, c'est une réalité. (*A part.*) Je me demande si les catastrophes de ce genre sont toujours aussi brutales.

MRS. H. — En vérité, Pip, vous devenez plus drôle de jour en jour.

LE CAP. G. — Je crois que vous ne me comprenez pas bien. Faut-il le répéter ?

MRS. H. — Non ! par pitié, ne faites pas cela. C'est trop terrible, même pour rire.

LE CAP. G. (*à part*). — Je vais la laisser y réfléchir pendant un moment. Mais je mériterais la cravache.

MRS. H. — Je veux savoir ce qu'il y avait au fond de ce que vous venez de me dire.

LE CAP. G. — Exactement ce que j'ai dit. Rien de moins.

MRS. H. — Mais qu'est-ce que j'ai fait pour le mériter ? Qu'est-ce que j'ai donc fait ?

LE CAP. G. (*à part*). — Si seulement elle voulait bien ne pas me regarder. (*Haut et très lentement, les yeux sur son assiette.*) Vous rappelez-vous ce soir de juillet, avant que les pluies éclatent, où vous me disiez que la fin arriverait forcément tôt ou tard… et où vous vous demandiez pour lequel de nous elle arriverait le premier ?

MRS. H. — Oui, c'était seulement pour rire. Et vous jurâtes que, aussi longtemps qu'il vous resterait un souffle dans la poitrine, *jamais* elle n'arriverait. Et je vous crus.

LE CAP. G. (*jouant avec le menu*). — Eh bien, elle est arrivée. Voilà tout.

> *Une longue pause durant laquelle* MRS. H. *tient la tête courbée et roule son pain viennois en petites boulettes.* G. *regarde les lauriers roses.*

MRS. H. (*rejetant la tête en arrière et riant d'un rire naturel*). — On nous dresse bien, nous autres femmes, n'est-ce pas, Pip ?

LE CAP. G. (*brutalement, en touchant son bouton de chemise*). — Pour ce qui est de savoir porter le masque. (*A part.*) Ce n'est pas dans sa nature de prendre les choses tranquillement. Il faudra bien qu'il y ait une explosion.

MRS. H. (*avec un frisson*). — Merci. Ma-ais les Peaux-Rouges eux-mêmes laissent, je crois, les gens se tortiller pendant qu'on les torture. (*Elle tire son éventail de sa ceinture et s'évente lentement, le bord de l'éventail au niveau du menton.*)

VOISIN DE GAUCHE. — Très lourd, ce soir, n'est-ce pas ? Cela vous incommode ?

MRS. H. — Oh non, pas le moins du monde. Mais on devrait avoir vraiment des punkahs, même dans votre frais Naini Tal, ne trouvez-vous pas ? (*Elle se retourne en laissant retomber son éventail et en levant les sourcils.*)

LE CAP. G. — Cela va-t-il mieux ? (*A part.*) Voici venir l'orage !

MRS. H. (*les yeux sur la nappe, l'éventail tout prêt dans la main droite*). — Cela fut fort habilement conduit, Pip, et je vous félicite. Vous aviez juré — vous ne vous contentiez jamais de dire simplement les choses — vous aviez *juré* que, autant qu'il serait en votre pouvoir, vous rendriez aimable pour moi ma triste existence. Et vous m'avez refusé la consolation de pouvoir pleurer. Moi, je l'eusse fait… certes, je l'eusse fait. C'est à peine si une femme eût pensé à ce raffinement, mon prévenant, prudent ami. (*L'éventail au niveau du menton, comme plus haut.*) Vous vous êtes, en outre, expliqué avec une telle tendresse, une telle véracité ! Vous n'avez pas prononcé, pas écrit un mot d'avertissement, et vous m'avez laissée croire en vous jusqu'à la dernière minute. Vous n'avez pas encore condescendu à me donner la *raison*. Une femme n'eût pu conduire l'affaire la moitié aussi bien. Est-ce qu'il y a beaucoup d'hommes comme vous dans le monde ?

LE CAP. G. — Pour sûr, je n'en sais rien. (*Au khitmatgar.*) Eh là ! *Simpkin do.*

MRS. H. — Vous vous dites un homme du monde, n'est-ce pas ? Est-ce que les hommes du monde se conduisent comme des tortionnaires lorsqu'ils font à une femme l'honneur d'être fatigués d'elle ?

LE CAP. G. — Pour sûr, je n'en sais rien. Ne parlez pas si haut !

MRS. H. — Conservons la correction, ô Seigneur, quoi qu'il arrive. N'ayez pas peur que je vous compromette. Vous avez trop bien choisi votre terrain, et j'ai été convenablement élevée. (*Baissant son éventail.*) N'avez-vous pas de pitié, Pip, si ce n'est pour vous-même ?

LE CAP. G. — Ne serait-il pas quelque peu impertinent de ma part de dire que je suis fâché pour vous ?

MRS. H. — Je crois que vous l'avez déjà dit une ou deux fois. Vous devenez très soucieux de mes sentiments. Mon Dieu, Pip, j'étais jadis une honnête femme ! Vous le disiez. Vous m'avez faite ce que je suis. Qu'allez-vous faire de moi ? Qu'allez-vous faire de moi ? Vous ne voulez pas même dire que vous êtes fâché ? (*Elle se sert des asperges glacées.*)

LE CAP. G. — Je suis fâché pour vous, s'il vous faut la pitié d'une brute comme moi. Je suis *horriblement* fâché pour vous.

MRS. H. — Quelque peu bénin pour un homme du monde. Pensez-vous vous sauver par cet aveu ?

LE CAP. G. — Que puis-je faire ? Je ne peux que vous dire ce que je pense de moi-même. Vous ne pouvez en penser pire ?

MRS. H. — Oh ! oui, je le peux. Et maintenant, voulez-vous me dire la raison de tout cela ? Du remords ? Bayard a-t-il été soudain frappé de scrupule.

LE CAP. G. (*avec colère, les yeux toujours baissés*). — Non ! La chose a pris fin de mon côté. C'est tout. *Mafisch !*

MRS. H. — « C'est tout. *Mafisch !* » Comme si j'étais un interprète arabe. Vous faisiez jadis de plus jolis discours. Vous rappelez-vous lorsque vous disiez ?…

LE CAP. G. — Pour l'amour du ciel, ne revenez plus là-dessus. Appelez-moi tout ce que vous voudrez et je l'admettrai…

MRS. H. — Mais vous ne tenez pas à ce qu'on vous remette en mémoire les vieux mensonges. Si je pouvais espérer vous faire la dixième partie du mal que vous m'avez fait ce soir… Non… Je ne le voudrais pas… je ne pourrais pas le faire… quelque menteur que vous soyez.

LE CAP. G. — J'ai dit la vérité.

MRS. H. — Mon *cher* monsieur, vous vous flattez. Vous avez menti au sujet du motif. Pip, rappelez-vous que je vous connais comme vous ne vous connaissez pas vous-même. Vous avez été tout pour moi, quoique vous soyez… (*Même jeu d'éventail.*) Oh ! comme tout cela est méprisable ! Ainsi, vous êtes tout simplement fatigué de moi ?

LE CAP. G. — Puisque vous insistez pour que je le répète… Oui.

MRS. H. — Mensonge numéro un. Que ne suis-je en possession d'un mot plus cru ! Mensonge semble si insuffisant dans votre cas. Le feu vient de s'éteindre et il n'y en a pas un nouveau ? Réfléchissez une minute, Pip, si vous ne voulez pas que je vous méprise plus que je ne fais. Simplement *Mafisch*, alors ?

LE CAP. G. — Oui. (*A part.*) Je crois le mériter.

MRS. H. — Mensonge numéro deux. Avant que le prochain verre ne vous étrangle, dites-moi son nom.

LE CAP. G. (*à part*). — Je lui revaudrai cela, de faire intervenir Minnie dans l'affaire ! (*Haut.*) Est-ce vraisemblable ?

MRS. H. — *Fort* vraisemblable si vous pensiez que cela flatterait votre vanité. Vous crieriez mon nom sur les toits pour faire se retourner les gens.

LE CAP. G. — Que ne l'ai-je fait ! Cela eût mis fin à cette affaire.

MRS. H. — Oh ! non, cela n'eût mis fin à rien du tout… Ainsi, monsieur allait devenir vertueux et blasé, n'est-ce pas ? Venir me dire : « J'ai assez de vous. L'incident est clo-os. » Je devrais être fière d'avoir gardé un homme pareil si longtemps.

LE CAP. G. (*à part*). — Il ne me reste qu'à prier pour que le dîner finisse. (*Haut.*) Vous savez ce que je pense de moi-même.

MRS. H. — Comme c'est la seule personne du monde à laquelle jamais vous pensiez, et comme je vous connais jusqu'au fond de l'âme, oui, je le sais. Vous voulez qu'on n'en parle plus et… Oh ! je ne peux pas vous en empêcher ! Et vous allez — pensez-y, Pip — me mettre au rancart pour une autre femme. Et vous aviez juré que toutes les autres femmes étaient… Pip, mon Pip ! Elle *ne peut* se soucier de vous comme je fais. Croyez-moi, elle ne le peut ! Est-ce quelqu'un que je connais ?

LE CAP. G. — Dieu merci, non ! (*A part.*) Je m'attendais à un cyclone, mais pas à un tremblement de terre.

MRS. H. — Elle *ne le peut* ! Y a-t-il quelque chose que je ne ferais pas pour vous… ou que je n'aie fait ? Et penser que je me donne ce mal à votre sujet, sachant ce que vous êtes ! M'en méprisez-vous ?

LE CAP. G. (*se passant la serviette sur la bouche pour dissimuler un sourire*). — *Encore ?* C'est entièrement une œuvre de charité de votre part.

MRS. H. — Ahhh ! Mais je n'ai aucun droit à me formaliser… Est-elle mieux que moi ? Qui est-ce qui disait…?

LE CAP. G. — Non… pas cela !

MRS. H. — Je serai plus compatissante que vous. Ne savez-vous pas que toutes les femmes sont pareilles ?

LE CAP. G. (*à part*). — Alors, il s'agit de l'exception qui prouve la règle.

MRS. H. — *Toutes !* Je vous dirai n'importe ce que vous voulez. Je vous le dirai, sur ma parole ! Ce qu'il leur faut, c'est uniquement l'admiration… du premier venu — peu importe qui — du premier venu ! Mais il est toujours *un* homme dont elles se soucient plus que de personne au monde, et auquel elles sacrifieraient tous les autres. Oh ! écoutez bien ! J'ai laissé ce Vaynor trotter derrière moi comme un caniche, et il se croit le seul homme auquel je m'intéresse. Je vais vous raconter ce qu'il m'a dit.

LE CAP. G. — Épargnez-le. (*A part.*) Je me demande quelle est sa version, à ce Vaynor.

MRS. H. — Pendant tout le dîner il a attendu que je le regarde. Le regarderai-je, pour que vous puissiez voir l'air idiot qu'il va prendre ?

LE CAP. G. — Mais qu'importe l'entrée en scène de ce monsieur ?

MRS. H. — Regardez ! (*Elle adresse un coup d'œil audit Vaynor, lequel essaye vainement de concilier une bouchée de pudding à la glace, un sourire de satisfaction personnelle, un regard de dévotion intense et la solidité d'une contenance britannique à une table de dîner.*)

LE CAP. G. (*judicieusement*). — Il n'a pas l'air joli. Pourquoi n'avez-vous pas attendu que la cuiller lui soit sortie de la bouche ?

MRS. H. — Pour vous amuser. Elle vous donnera en spectacle comme j'ai fait pour lui ; et les gens riront de vous. Oh, Pip, ne le voyez-vous pas ? C'est aussi clair que le soleil en plein midi. On vous fera trotter de côté et d'autre et on vous contera des mensonges, on fera de vous un objet de risée comme les autres. Je n'ai jamais, moi, fait de vous un objet de risée, n'est-ce pas ?

LE CAP. G. (*à part*). — L'intelligente petite femme !

MRS. H. — Eh bien, qu'avez-vous à dire ?

LE CAP. G. — Je me sens mieux.

MRS. H. — Oui, je le suppose, maintenant que me voici descendue à votre niveau. Je n'aurais jamais pu le faire si je ne vous aimais pas autant. J'ai dit la vérité.

LE CAP. G. — Cela ne change en rien la situation.

MRS. H. (*avec emportement*). — Alors, elle *a* dit qu'elle vous aimait ! Ne la croyez pas, Pip. C'est un mensonge… aussi vilain que le vôtre à mon égard !

LE CAP. G. — Ffffixe ! J'ai idée qu'un de vos amis vous regarde.

MRS. H. — Lui ! Je le *hais*. C'est lui qui vous a présenté à moi.

LE CAP. G. (*à part*). — Et il y a des gens pour vouloir que les femmes aident à confectionner les lois ! Une présentation impliquer tout le reste ! (*Haut.*) Mais, vous comprenez, si vous pouvez faire remonter vos souvenirs jusque-là, il ne m'était guère possible, en toute politesse, de refuser l'offre.

MRS. H. — En toute politesse ! Nous sommes allés plus loin que *cela* !

LE CAP. G. (*à part*). — Vieux terrain veut dire nouvel ennui. (*Haut.*) Sur mon honneur…

MRS. H. — Votre quoi ? Ha, ha !

LE CAP. G. — Déshonneur, alors. Elle n'est pas ce que vous imaginez. Je voulais…

MRS. H. — Ne me parlez pas d'elle ! Elle ne saurait vous aimer, et lorsque vous reviendrez, après vous être donné en spectacle, vous me trouverez occupée de…

LE CAP. G. (*insolemment*). — Vous ne pourriez pas tant que je suis vivant. (*A part.*) Si cela n'appelle pas son orgueil à la rescousse, rien ne le fera.

MRS. H. (*se redressant*). — Je ne pourrais pas ? *Moi ?* (*S'adoucissant.*) Vous avez raison. Je ne crois pas que je le pourrais… malgré tout ce que vous êtes… un lâche et un menteur jusque dans la moelle.

LE CAP. G. — Cela ne blesse pas autant après votre petit cours… avec démonstrations.

MRS. H. — Une montagne de vanité ! Rien ne vous touchera-t-il donc *jamais* en cette vie ? Il doit y avoir une Vie Future quand ce ne serait que pour le bénéfice de… Mais vous ne la partagerez avec personne.

LE CAP. G. (*par-dessous ses sourcils*). — En êtes-vous si certaine ?

MRS. H. — J'aurai eu mon enfer en cette vie, et je l'aurai bien mérité.

LE CAP. G. — Mais l'admiration sur laquelle vous insistiez si fort, il y a un instant ? (*A part.*) Oh ! quelle brute je *fais* !

MRS. H. (*d'un ton farouche*). — *Cela* me consolera-t-il de la connaissance que j'aurai que vous allez à elle avec les mêmes mots, les mêmes arguments, et les… les mêmes noms d'amitié que ceux dont vous vous êtes servi pour moi ? Et si elle vous aime, vous rirez tous deux de mon histoire. Serait-ce un châtiment assez lourd même pour moi… même pour moi ?… Et tout cela pour rien. Autre châtiment !

LE CAP. G. (*faiblement*). — Oh, allons ! Je ne suis pas aussi bas que vous pensez.

MRS. H. — Pas en ce moment, peut-être, mais vous le serez. Oh ! Pip, au cas où une femme flatterait votre vanité, il n'y a rien sur terre que vous ne lui racontiez ; et pas de bassesse à quoi vous ne descendiez. Vous ai-je connu si longtemps pour ne pas le savoir ?

LE CAP. G. — Si vous ne pouvez avoir confiance en moi pour rien autre — et je ne vois pas après tout pourquoi on aurait confiance en moi — vous pouvez compter que je saurai me taire.

MRS. H. — Si vous démentiez tout ce que vous m'avez dit ce soir et déclariez que tout cela n'était que pour plaisanter (*une longue pause*), j'aurais confiance en vous. Pas autrement. Tout ce que je vous demande, c'est de ne pas lui dire mon nom. *Je vous en prie*, ne le lui dites pas. Un homme pourrait oublier ; une femme, jamais. (*Elle lève les yeux au-dessus de la table et voit la maîtresse de maison qui commence à rassembler les regards.*) Ainsi, tout est fini, sans qu'il y ait de ma faute… Ne me suis-je pas admirablement conduite ! J'ai accepté votre congé, et vous l'avez cuisiné aussi cruel possible, et je vous ai fait respecter mon sexe, n'est-ce pas ? (*Arrangeant ses gants et son éventail.*) Je prie seulement pour qu'elle vous connaisse un jour comme je vous connais à présent. Je ne voudrais pas, alors, être à votre place, car je crois que vous vous trouverez atteint jusque dans votre vanité. J'espère qu'elle vous rendra l'humiliation que vous m'avez causée. Je l'espère… Non. Je ne l'espère pas. *Je ne peux pas* renoncer à vous ! Il me faut quelque chose à espérer, sans quoi je deviendrai folle. Quand tout cela sera fini, revenez-moi, revenez-moi, et vous vous apercevrez que vous êtes toujours mon Pip !

LE CAP. G. (*très clairement*). — Mal joué, et cela vous coûte cher. C'est une jeune fille !

MRS. H. (*se levant*). — Alors, *c'était* vrai ! On disait… mais je ne voudrais pas vous insulter en vous questionnant. Une jeune fille ! Il n'y a pas longtemps que j'étais une jeune fille. Soyez-lui bon, Pip. C'est possible qu'elle croie en vous.

> *Elle sort avec un sourire incertain. Il la regarde par la porte, et se rassoit sur une chaise, tandis que les hommes se redistribuent.*

LE CAP. G — Maintenant, s'il est une Force qui veille sur ce monde, voudra-t-elle avoir la bonté de me dire ce que j'ai fait ? (*Étendant le bras vers le vin de Bordeaux, et presque à haute voix.*) Qu'*ai*-je fait ?

PAR AUCUNE CRAINTE

> Et ne vous laissez troubler par aucune crainte.
>
> *Office du mariage.*

DÉCOR. — *Une chambre de célibataire. Table de toilette rangée avec un soin qui n'est pas naturel.* LE CAPITAINE GADSBY *dort et ronfle fort. Dix heures et demie du matin — une admirable journée d'automne à Simla. Entre avec précaution* LE CAPITAINE MAFFLIN, *du régiment de* GADSBY. *Regarde le dormeur, et branle la tête, en murmurant : « Pauvre Gaddy ! » Exécute une brillante fantaisie à l'aide des brosses à cheveux sur un dos de chaise.*

LE CAP. M. — Éveillez-vous, belle endormie ! (*Il rugit.*)

> « Uprouse ye, then, my merry, merry men !
> It is our opening day !
> It is our opening day ! »

Gaddy, voilà déjà longtemps que les petits pierrots piaillent et se becquettent ; et je suis ici !

LE CAP. G. (*s'asseyant sur son séant et bâillant*). — Bonjour. C'est diantrement bien à toi, mon vieux. Tout ce qu'il y a de bien. Ne sais pas ce que j'aurais fait sans toi. Sur mon âme, sais pas. N'ai pas fermé l'œil de la nuit.

LE CAP. M. — Je ne suis rentré qu'à onze heures et demie. J'ai jeté un coup d'œil sur toi, et tu paraissais dormir aussi profondément qu'un condamné à mort.

LE CAP. G. — Jack, si c'est pour faire de ces plaisanteries éventées à pleurer que tu es là, tu ferais tout aussi bien de t'en aller. (*Avec une énorme gravité.*) C'est le plus heureux jour de ma vie.

LE CAP. M. (*riant tout bas d'un air menaçant*). — Tu verras cela, mon garçon. Tu vas passer par quelques-unes des tortures les plus raffinées que tu aies jamais connues. Mais sois calme. Je suis avec toi. 'Ttention ! Alignement !

LE CAP. G. — Hein ! Quo-oi ?

LE CAP. M. — Supposes-tu que tu es ton maître pour douze grandes heures d'horloge ? Si oui, naturellement… (*Il fait un mouvement vers la porte.*)

LE CAP. G. — Non ! Pour l'amour du ciel, mon vieux, ne fais pas cela ! Tu ne vas pas me lâcher que ce ne soit fini, n'est-ce pas ? J'ai sué sur cette fichue manœuvre sans pouvoir m'en rappeler une ligne.

LE CAP. M. (*inspectant l'uniforme de* G.). — Allons, prends ton tub. Ne m'assomme pas. Je te donne dix minutes pour t'habiller.

> *Intervalle, rempli par un bruit de quelque chose comme un éclaboussement dans la salle de bain.*

LE CAP. G. (*émergeant du cabinet de toilette*). — Quelle heure est-il ?

LE CAP. M. — Presque onze heures.

LE CAP. G. — Encore cinq heures. Grand Dieu !

LE CAP. M. (*à part*). — Premier signe de frousse, cela. Je voudrais bien savoir si cela va continuer. (*Haut.*) Viens déjeuner.

LE CAP. G. — Pas le moindre appétit. Pourrais rien manger.

LE CAP. M. (*à part*). — Si tôt ! (*Haut.*) Capitaine Gadsby, je vous *ordonne* de manger votre déjeuner, et un sacré bon déjeuner encore. Ces airs et ces grâces de jeune épousée ne prennent pas avec moi !

> *Il conduit* G. *au rez-de-chaussée, et reste debout derrière lui pendant qu'il mange deux côtelettes.*

LE CAP. G. (*qui a regardé trois fois à sa montre dans les cinq dernières minutes*). — Quelle heure est-il ?

LE CAP. M. — L'heure de venir faire un tour. Allume.

LE CAP. G. — Voilà dix jours que je n'ai fumé, et je ne vais pas commencer maintenant. (*Il prend le cheroot dont* M. *a coupé le bout pour lui, et souffle voluptueusement la fumée par les narines.*) Nous n'allons pas descendre le Mall, n'est-ce pas ?

LE CAP. M. (*à part*). — Ils sont tous pareils dans ces moments-là ? (*Haut.*) Non, ma vestale. Nous allons prendre la route la plus tranquille que nous puissions trouver.

LE CAP. G. — Des chances de *la* rencontrer ?

LE CAP. M. — Pauvre innocent ! Non ! Viens, et si tu as besoin de moi pour les obsèques finales, ne m'enlève pas l'œil avec ta canne.

LE CAP. G. (*se retournant brusquement*). — Dis-moi, n'est-ce pas la plus charmante créature qui ait jamais existé ? Quelle heure as-tu ? Qu'est-ce qui vient après « voulez-vous prendre pour épouse » ?

LE CAP. M. — On cherche l'anneau. Rappelle-toi qu'il sera au bout du petit doigt de ma main droite, et fais bien attention à la façon dont tu le tireras, car j'aurai les honoraires du sacristain quelque part dans mon gant.

LE CAP. G. (*précipitant le pas*). — Au diable le sacristain ! Viens donc ! Il est midi passé, et je ne l'ai pas vue depuis hier soir. (*Se retournant de nouveau.*) C'est absolument un ange, Jack, et elle est mille fois trop bien pour moi. Dis-moi, remonte-t-elle la nef à mon bras, ou comment ?

LE CAP. M. — Si je pensais qu'il y eût pour toi la moindre chance de te rappeler quelque chose durant deux minutes consécutives, je te le dirais. Cesse de passager comme cela !

LE CAP. G. (*faisant halte au milieu de la route*). — Dis-donc, Jack ?

LE CAP. M. — Reste tranquille encore dix minutes si tu peux, fou que tu es, et *marche* !

> *Tous deux déguerpissent à cinq milles à l'heure pendant quinze minutes.*

LE CAP. G. — Quelle heure as-tu ? Qu'est-ce qui se passe au sujet de ce maudit wedding-cake et des petits souliers blancs ? Ils ne les jettent pas dans l'église, n'est-ce pas ?

LE CAP. M. — In-variablement. Le pasteur ouvre la danse avec ses bottines.

LE CAP. G. — Dieu te confonde, imbécile ! Ne te moque pas de moi. Je ne peux le supporter, et ne le supporterais pas !

LE CAP. M. (*sans se troubler*). — Tout doux, ma vieille carne ! Il va falloir faire dodo deux heures cet après-midi.

LE CAP. G. (*se retournant*). — Je ne vais pas me laisser traiter comme un sacré gamin. Tâche de comprendre cela !

LE CAP. M. (*à part*). — Les nerfs comme des cordes à violon. En voilà, une journée ! (*Posant tendrement la main sur l'épaule de G.*) Mon David, combien y a-t-il de temps que tu connais ce Jonathan ? Est-ce que je viendrais ici pour me moquer de toi… après toutes ces années-là ?

LE CAP. G. (*avec repentir*). — Je sais, je sais, Jack… mais je suis aussi chaviré qu'il est possible. Ne fais pas attention à ce que je dis. Écoute-moi un peu répéter la manœuvre pour voir si je la tiens :

« Pour t'avoir et garder, soit que tu sois meilleure ou pire, comme il était au commencement, comme il est maintenant, et comme il sera éternellement, avec l'aide de Dieu. — Amen[17]. »

[17] Ici, Gadsby mêle trois passages différents de l'office de mariage anglican.

LE CAP. M. (*suffoquant de rire*). — Oui, c'est à peu près le sel de la chose. Je soufflerai si tu t'arrêtes en route.

LE CAP. G. (*vivement*). — Oui, tu ne vas pas me lâcher, Jack, n'est-ce pas ? Je suis salement heureux, mais je ne te cacherai pas, à toi, que j'ai une peur bleue !

LE CAP. M. (*gravement*). — Vrai ? Jamais je ne m'en serais aperçu. Tu n'en as pas l'air.

LE CAP. G. — Tu crois ? A la bonne heure. (*Se retournant.*) Sur mon âme et mon honneur, Jack, c'est le plus doux petit ange qui soit jamais descendu du ciel. Il n'y a pas de femme sur terre qui soit digne de lui adresser la parole !

LE CAP. M. (*à part*). — Et c'est le vieux Gaddy ! (*Haut.*) Va donc, si cela te soulage.

LE CAP. G. — Tu peux bien rire ! C'est tout ce à quoi vous êtes bons, vous autres, onagres de célibataires.

LE CAP. M. (*traînant ses paroles*). — Tu veux toujours devancer la troupe. Tu n'es pas encore tout à fait marié, tu sais.

LE CAP. G. — Peuh ! cela me rappelle. Je ne crois pas pouvoir entrer dans mes bottes. Allons à la maison les essayer ! (*Il se presse en avant.*)

LE CAP. M. — Voudrais pas être dans *tes* souliers pour tout ce que l'Asie peut offrir.

LE CAP. G. (*se retournant*). — Voilà qui prouve bien ta hideuse noirceur d'âme… ta couche de bêtise… ta brutale étroitesse d'idées. Tu n'as qu'un défaut. Tu es le meilleur des bons zigues, et je ne sais pas ce que j'aurais fait sans toi, mais… tu n'es pas marié. (*Il branle gravement la tête.*) Prends une femme, Jack.

LE CAP. M. (*le visage comme un mur*). — Ou-é. La femme de qui, de préférence ?

LE CAP. G. — Si tu te mets à faire le polisson, je te quitte… Quelle heure astu ?

LE CAP. M. (*il chantonne*).

> An' since 'twas very clear we drank only gingerbeer,
> Faith, there must ha' been some stingo in the ginger !

Rentrons, espèce d'enragé. Je vais te ramener au logis, et tu vas te coucher.

LE CAP. G. — Que diable ai-je besoin de me coucher ?

LE CAP. M. — Tends-moi ton cheroot pour me donner du feu et tu vas voir.

LE CAP. G. (*qui regarde le bout du cheroot trembler comme un diapason*). — Je suis dans un délicieux état !

LE CAP. M. — Effectivement. Je vais te faire prendre un verre et tu t'en iras dormir.

> *Ils rentrent et* M. *compose un whisky-soda bien corsé.*

LE CAP. G. — Oh, *bus ! bus !*[18] Cela va me saouler comme un polonais.

> [18] Assez ! assez ! (en hindoustani).

LE CAP. M. — Chose curieuse, cela n'aura pas le moindre effet sur toi. Avalemoi cela, jette-toi là, et mets-toi à faire dodo.

LE CAP. G. — C'est absurde. Je ne dormirai pas. Je *sais* que non !

Il tombe dans un lourd sommeil au bout de sept minutes. LE CAP. M. *le veille tendrement.*

LE CAP. M. — Pauvre vieux Gaddy ! J'en ai vu déjà quelques-uns lancés dans le vide, mais jamais aucun marcher au gibet dans ces conditions-là. On ne peut jamais dire comment ils vont prendre cela. Ce sont les pur-sang qui suent au reculer dans l'attelage à deux… Et c'est là l'homme qui a traversé les pièces à la charge à Amdhéran, comme un enragé. (*Il se penche sur* G.) Mais c'est pire que les pièces, vieux copain… pire que les pièces, n'est-ce pas ? (G. *se retourne dans son sommeil et* M. *lui effleure gauchement le front.*) Pauvre, cher vieux Gaddy ! Qui s'en va comme les autres… qui s'en va comme les autres… *L'ami qui vous est plus attaché qu'un frère*… huit années. Sacrée petite garce de fille… huit semaines ! Et… où est votre ami ? (*Il fume inconsolablement jusqu'à ce que l'horloge de l'église sonne trois heures.*)

LE CAP. M. — Debout ! Allons, équipe-toi !

LE CAP. G. — Déjà ? N'est-ce pas trop tôt ? N'aurais-je pas dû me raser de frais ?

LE CAP. M. — *Non !* Tu es très bien comme cela. (*A part.*) Il se mettrait le menton en pièces.

LE CAP. G. — Pourquoi se presser ?

LE CAP. M. — Il faut que tu sois là le premier.

LE CAP. G. — Pour servir de point de mire ?

LE CAP. M. — Justement. Tu fais partie du spectacle. Où est le tripoli ? Tes éperons sont dans un état honteux.

LE CAP. G. (*d'un ton bourru*). — Jack, jamais tu ne feras cela pour moi ?

LE CAP. M. (*d'un ton plus bourru*). — Ferme cela et habille-toi ! S'il me plaît de nettoyer tes éperons, tu es sous *mes* ordres.

LE CAP. G. *s'habille.* M. *en fait autant.*

LE CAP. M. (*faisant le tour en l'inspectant*). — Oui, cela va. Seulement, ne prends pas cet air de criminel. L'anneau, les gants, l'argent — cela va bien pour moi. Laisse ta moustache tranquille. Maintenant, si les poneys sont prêts, nous allons partir.

LE CAP. G. (*nerveusement*). — Il est beaucoup trop tôt. Allumons un cigare ! Buvons quelque chose ! Faisons…

LE CAP. M. — Faisons les sacrés ânes !

LES CLOCHES (*au dehors*). —

> I — ci — bonnes — gens
> La prière — vous attend. »

LE CAP. M. — Voilà les cloches ! Viens… à moins que tu ne préfères rester. (*Ils s'éloignent à cheval.*)

LES CLOCHES. —

> Oui nous honorons le roi,
> La bru mettons en émoi…
> Chaque nouvelle a son sort,
> Nous sonnons le glas du mort.

LE CAP. G. (*descendant de cheval à la porte de l'église*). — Dis-moi, ne sommes-nous pas là beaucoup trop tôt ? Il y a du monde à n'en plus finir dans l'intérieur. Dis-moi, ne sommes-nous pas très en retard ? Reste près de moi, Jack ! Que diable dois-je faire ?

LE CAP. M. — Assume une contenance à l'entrée de la nef et attends-*la*. (LE CAP. G. *grogne, tandis que* M. *lui fait faire volte-face devant trois cents yeux*.)

LE CAP. M. (*d'un air suppliant*). — Gaddy, si tu m'aimes, pour la grâce de Dieu, pour l'honneur du régiment, tiens-toi droit ! Remplis ton uniforme ! Aie l'air d'un homme ! J'ai à parler une minute au pasteur. (G. *est pris d'une douce transpiration.*) Si tu t'essuies le visage, jamais plus je ne serai ton témoin. Poitrine ! (G. *tremble visiblement.*)

LE CAP. M. (*revenant*). — Voici qu'elle arrive. Fais attention quand la musique va commencer. Voilà l'orgue qui se met en branle.

> *La mariée sort de la rickshaw à la porte de l'église. G. l'entrevoit et prend courage.*

L'ORGUE. —

> La Voix qui souffla sur Éden,
> Le premier jour de mariage,
> Et bénit le premier hymen,
> A bravé les saisons et l'âge.

LE CAP. M. (*surveillant* G.). — Ma parole ! Il a pris bon air. Je ne l'en aurais pas cru capable aujourd'hui.

LE CAP. G. — Combien de temps va durer cet hymne ?

LE CAP. M. — Cela va être fini tout de suite. (*Anxieusement.*) Vas-tu te mettre à pâlir et à ravaler ta salive ? Tiens bon, Gaddy, et pense au régiment.

LE CAP. G. (*d'un ton mesuré*). — Dis donc, il y a un gros lézard brun en train de grimper le long de ce mur.

LE CAP. M. — Oh ! ma mère ! Le dernier degré d'affaissement !

> *La mariée monte à gauche de l'autel, lève les yeux une bonne fois sur G., lequel est subitement frappé de folie.*

LE CAP. G. (*à lui-même encore et encore*). — Petit Poidsléger, une femme… une femme ! Et je croyais que c'était une petite fille.

LE CAP. M. (*chuchotant*). — Garde à vous… demi-tour à gauche.

LE CAP. G. *obéit machinalement, et la cérémonie se poursuit.*

LE PASTEUR. — … à elle seule, tant que vous vivrez tous deux ?

LE CAP. G. (*la gorge sèche*). — Ha-hmmm !

LE CAP. M. — Dis oui ou non. Il n'y a pas de seconde donne ici.

La mariée articule sa réponse avec un sang-froid parfait, et son père en fait la remise.

LE CAP. G. (*croyant montrer son savoir*). — Jack, c'est à ton tour, maintenant, de faire ma remise, *vite* !

LE CAP. M. — Tu t'es remisé bien assez comme cela toi-même. Sa main *droite*, mon gars ! Récite ! Récite ! « Théodore Philip. » As-tu oublié ton propre nom ?

LE CAP. G. *s'embarrasse dans le « oui », que la mariée répète sans un tremblement.*

LE CAP. M. — Maintenant, l'anneau ! Suis le pasteur ! Ne m'arrache pas mon gant ! Le voici ! Grand Dieu, il a retrouvé sa voix !

G. *répète la parole sacramentelle d'une voix à se faire entendre au bout de l'église et tourne sur son talon.*

LE CAP. M. (*d'un air désespéré*). — A vos rênes ! Doucement sur le pavé ! Nous n'en sommes pas à la moitié.

LE PASTEUR — … à conjoints, que l'homme ne les sépare point.

LE CAP. G., *paralysé de peur, a un mouvement de recul après la bénédiction.*

LE CAP. M. (*vivement*). — Avance… d'une longueur. Prends-la avec toi. Je ne viens pas. Tu n'as rien à dire.

LE CAP. G. *monte à l'autel dans tout un cliquetis de choses.*

LE CAP. M. (*en un râle perçant qui veut dire un murmure*). — A genoux, têtu bandit ! A genoux !

LE PASTEUR — … de laquelle vous êtes les filles, tant que vous pratiquez le bien et ne vous laissez troubler par aucune crainte.

LE CAP. M. — Ça y est ! Rompez ! Par file à gauche.

Tout le monde à la sacristie. On signe.

LE CAP. M. — Embrasse-la, Gaddy.

LE CAP. G. (*frottant l'encre sous son gant*). — Hein ! Quo-oi ?

LE CAP. M. (*Faisant un pas vers la mariée*). — Si tu ne le fais pas, je vais le faire.

LE CAP. G. (*interposant le bras*). — Merci bien !

Embrassement général.

LE CAP. G. (*n'en pouvant plus, à M.*). — Ah, nom de nom ! Est-ce que je peux maintenant m'essuyer le visage ?

LE CAP. M. — Ma responsabilité finit là. Demande plutôt à *Missis* Gadsby.

> LE CAP. G. *recule comme frappé d'une balle, et le cortège sort de l'église à coups de Mendelssohn pour se rendre à la maison paternelle, où ont lieu les tortures d'usage autour du wedding-cake.*

LE CAP. M. (*à table*). — Debout, Gaddy. On attend un speech.

LE CAP. G. (*après trois minutes d'agonie*). — Ha-hmmm. (*Tonnerre d'applaudissements.*)

LE CAP. M. — Pas mal, pour un début. Maintenant va changer d'équipement pendant que la maman est en train de pleurer sur — « la madame ». (LE CAP. G. *disparaît.* LE CAP. M. *se lève précipitamment en s'arrachant les cheveux.*) Ce n'est pas encore complet. Où sont les souliers ? Allez chercher une *ayah*.

L'AYAH. — Missie captain *sahib band karo* tous les *jutis*[19].

[19] Missie capitaine *sahib* a caché tous les souliers.

LE CAP. M. (*brandissant son sabre dans le fourreau*). — Femme, produis ces souliers ! Que quelqu'un me prête un couteau à pain. Il ne s'agit pas de fêler la tête de Gaddy plus qu'elle ne l'est. (*Il tranche le talon d'une mule de satin blanc et serre la mule dans sa manche.*) Où est la mariée ? (A tout le monde à la ronde.) Allez-y doucement avec ce riz. C'est une coutume païenne. Donnez-moi le gros sac.

···················

La mariée se glisse sans bruit dans une rickshaw et part vers le coucher du soleil.

LE CAP. M. (*en plein air*). — Envolée, ma parole ! Tant pis pour Gaddy ! Le voici. Allons, Gaddy, cela va chauffer plus dur qu'à Amdhéran ! Où est ton cheval !

LE CAP. G. (*furieusement, voyant que les femmes sont hors de portée de voix*). — Où est ma *femme*, n. de D…?

LE CAP. M. — A moitié route maintenant de Mahasu. Il va te falloir chevaucher comme le jeune Lochinvar[20].

[20] Voir la ballade de Walter Scott.

Le cheval se présente en se cabrant ; il refuse de laisser G. l'approcher.

LE CAP. G. — Oh ! tu veux faire la bête, n'est-ce pas ? Demi-tour, animal… cochon… brute ! *Demi-tour !*

Il force le cheval à tourner, d'un coup de poignet à lui briser la mâchoire inférieure ; se jette en selle, et donne des deux éperons au beau milieu d'une grêle du meilleur riz de Patna.

LE CAP. M. — Sur ton amour et ta vie… pousse, Gaddy ! Et que… Dieu te bénisse !

Il jette une demi-livre de riz à G., lequel disparaît, penché en avant sur la selle, dans un nuage de poussière éclairée de soleil.

LE CAP. M. — Voilà perdu le vieux Gaddy. (*Il allume une cigarette et s'éloigne en flânant, et en chantant d'un air absent :*)

« You may carve it on his tombstone, you may cut it on his card,
That a young man married is a young man marred[21]. »

[21]

« Vous pouvez le graver sur sa tombe, vous pouvez le graver sur sa carte,
Qu'un jeune homme marié est un jeune homme perdu. »

MISS DEERCOURT (*de son cheval*). — Vraiment, capitaine Mafflin ! Vous parlez plus à cœur ouvert que vous n'êtes poli !

LE CAP. M. (*à part*). — On dit que le mariage, c'est comme le choléra. Me demande qui sera la prochaine victime.

Une mule de satin blanc glisse de sa manche et tombe à ses pieds. Reste livré à ses réflexions.

LE JARDIN D'ÉDEN

Et vous serez… comme des dieux !

DÉCOR. — *Pelouse arômée de thym derrière l'hôtellerie de Mahasu, dominant la petite vallée boisée. A gauche, un aperçu de la Forêt Morte du Fagoo ; à droite, les montagnes de Simla. Tout au fond la ligne des neiges. LE CAP. GADSBY, mari de trois semaines maintenant, fume le calumet de paix sur un tapis au soleil. Banjo et blague à tabac sur le tapis. En l'air, les aigles du Fagoo. MRS. G. sort du bungalow.*

MRS. G. — Mon mari !

LE CAP. G. (*paresseusement, avec une jouissance intense*). — Hein, quo-oi ? Dites-le encore.

MRS. G. — J'ai écrit à maman pour lui annoncer que nous serons de retour le 17.

LE CAP. G. — Lui avez-vous fait part de mes tendresses ?

MRS. G. — Non, j'ai gardé tout pour moi. (*S'asseyant à son côté.*) J'ai pensé que cela ne vous ferait rien.

LE CAP. G. (*avec une feinte sévérité*). — Cela me fait beaucoup. Comment saviez-vous que tout était pour vous ?

MRS. G. — J'ai deviné, Phil.

LE CAP. G. (*avec ravissement*). — *Pe-tit* Poidsléger !

MRS. G. — Je voudrais bien ne pas me voir donner ces petits noms de sport, vilain.

LE CAP. G. — Vous aurez tous les noms qu'il me plaît. Vous est-il jamais venu à l'esprit, madame, que vous êtes ma femme ?

MRS. G. — Oui, certes. Je n'ai pas encore cessé de m'en étonner.

LE CAP. G. — Ni moi. Cela semble étrange ; et cependant, je ne sais comment, cela ne l'est pas. (*Avec confiance.*) Vous comprenez, cela n'aurait pu être personne autre.

MRS. G. (*doucement*). — Non. Personne autre… ni pour moi ni pour vous. *Tout* cela a dû être arrangé dès l'origine des choses. Phil, redites-moi ce qui vous a fait m'aimer.

LE CAP. G. — Comment eussé-je pu m'en empêcher ? Vous étiez *vous*, vous savez.

MRS. G. — Est-ce que vous avez jamais senti le besoin de vous en empêcher ? Dites la vérité !

LE CAP. G. (*l'œil malicieux*). — Oui, chérie, tout au commencement, mais seulement au commencement. (*Il rit tout bas.*) Je vous appelais — penchez-vous tout près et je vais vous le dire à l'oreille — « une petite bécasse ». Ho ! ho ! ho !

MRS. G. (*le prenant par la moustache et le forçant à s'asseoir sur son séant*). — « Une… petite… bécasse ! » Voulez-vous bien ne pas rire de votre crime ! Et encore vous avez eu le… le… l'affreux toupet de demander ma main !

LE CAP. G. — J'avais alors changé d'avis. Et vous n'étiez plus une petite bécasse.

MRS. G. — Merci, monsieur ! Et quand l'ai-je été jamais ?

LE CAP. G. — *Jamais !* Mais ce premier jour où vous m'avez donné du thé sous cette petite robe de mousseline couleur fleur de pêcher, vous aviez l'air — vous aviez vraiment l'air, ma chère amie — d'un si absurde petit moucheron. Et je ne savais que vous dire.

MRS. G. (*tordant la moustache*). — Ainsi, vous avez dit « petite bécasse ». Sur ma parole, monsieur, moi, je vous ai appelé « ce grrrrand animal-là » ; mais je regrette de ne pas vous avoir appelé quelque chose de pire.

LE CAP. G. (*très humblement*). — Je m'excuse, mais vous me faites affreusement mal. (*Intermède.*) Vous avez toute permission de me torturer encore aux mêmes conditions.

MRS. G. — Oh ! *pourquoi* me l'avez-vous laissé faire ?

LE CAP. G. (*regardant le long de la vallée*). — Sans raison particulière, mais… si cela vous amusait ou vous faisait le moindre bien vous pouvez… essuyer ces chères petites bottines-là sur moi.

MRS. G. (*étendant le bras*). — Taisez-vous ! Oh ! taisez-vous ! Philippe, mon roi, je vous en prie, ne parlez pas comme cela. C'est tout à fait ce que, moi, je ressens. Vous êtes beaucoup trop bon pour moi. Tellement trop bon !

LE CAP. G. — Moi ! Je ne suis pas digne de vous approcher. (*Il l'entoure de son bras.*)

MRS. G. — Oui, vous en êtes digne. Mais moi… qu'ai-je jamais fait ?

LE CAP. G. — Donné un tout petit brin de votre cœur, n'est-ce pas, ma reine ?

MRS. G. — Ce n'est rien, cela. N'importe qui le ferait. On ne pourr… pourrait jamais s'en empêcher.

LE CAP. G. — Chaton, vous allez me rendre horriblement fat. Et cela, juste au moment où je commençais à me sentir si humble.

MRS. G. — Humble ! je ne crois pas que ce soit dans votre caractère.

LE CAP. G. — Qu'est-ce que vous en connaissez, de mon caractère, petite impertinente ?

MRS. G. — Ah ! mais je le connaîtrai, n'est-ce pas, Phil ? J'aurai le temps, durant toutes les années et encore les années à venir, de connaître tout ce qui vous concerne ; et il n'y aura pas de secrets entre nous.

LE CAP. G. — Petite sorcière ! Je pense que vous me connaissez déjà à fond.

MRS. G. — Je crois pouvoir deviner. Vous êtes égoïste ?

LE CAP. G. — Oui.

MRS. G. — Un peu bêta ?

LE CAP. G. — *Très.*

MRS. G. — Et un chéri.

LE CAP. G. — Cela, c'est comme il plaît à ma lady.

MRS. G. — Alors, il plaît à votre lady. (*Une pause.*) Savez-vous que nous sommes deux grandes personnes solennelles, sérieuses.

LE CAP. G. (*lui inclinant son chapeau de paille sur les yeux*). — Vous, grande personne ! Peuh ! Vous êtes un bébé.

MRS. G. — Et nous disions des bêtises.

LE CAP. G. — Alors, continuons à dire des bêtises. J'aime assez cela. Chaton, je vais vous dire un secret. Vous promettez de ne pas le répéter ?

MRS. G. — Ou-ui. Rien qu'à vous.

LE CAP. G. — Je vous aime.

MRS. G. — Vrai-ment ! Pour combien de temps ?

LE CAP. G. — Pour toujours et toujours ?

MRS. G. — C'est beaucoup.

LE CAP. G. — Vous pensez ? Je ne peux pas me contenter de moins.

MRS. G. — Vous devenez tout à fait brillant.

LE CAP. G. — Je cause avec *vous*.

MRS. G. — Joliment tourné. Tenez levée votre stupide vieille tête et je vais vous rendre cela !

LE CAP. G. (*affectant un suprême mépris*). — Prenez-la vous-même si vous la voulez.

MRS. G. — J'ai grande envie de… et pourquoi pas ?

Elle la lui prend, et se le voit rendre avec usure.

LE CAP. G. — Petit Poidsléger, c'est mon avis que nous *sommes* une paire d'idiots.

MRS. G. — Nous sommes les deux seuls gens sensés du monde ! Demandez à l'aigle. Le voilà qui vient par ici.

LE CAP. G. — Ah ! j'ose dire qu'il a vu pas mal de gens sensés à Mahasu. On prétend que ces oiseaux-là vivent une éternité.

MRS. G. — Combien de temps ?

LE CAP. G. — Cent vingt ans.

MRS. G. — Cent vingt ans ! O-oh ! Et dans cent vingt ans, où seront-ils, ces deux gens sensés ?

LE CAP. G. — Qu'est-ce que cela peut faire tant que nous sommes ensemble maintenant ?

MRS. G. (*faisant du regard le tour de l'horizon*). — Oui. Rien que vous et moi… moi et vous… dans tout le vaste, vaste monde jusqu'à la fin. (*Son regard se pose sur la ligne des neiges.*) Comme les montagnes ont l'air énormes et calmes ! Croyez-vous qu'elles s'inquiètent de nous ?

LE CAP. G. — Je ne saurais affirmer les avoir particulièrement consultées. Moi, je m'en inquiète, cela me suffit.

MRS. G. (*se rapprochant de lui*). — Oui, en ce moment… mais plus tard. Qu'est-ce c'est que ce petit barbouillage noir sur les neiges ?

LE CAP. G. — Une tempête de neige, là-bas, à quarante milles. Vous allez la voir se déplacer au fur et à mesure que le vent la charrie sur les flancs de ce contrefort, et puis, plus rien.

MRS. G. — Et puis, plus rien. (*Elle frissonne.*)

LE CAP. G. (*anxieusement*). — Vous ne vous refroidissez pas, petite, n'est-ce pas ? Il vaut mieux me laisser aller chercher votre manteau.

MRS. G. — Non. Ne me quittez pas, Phil. Restez ici. Je crois que j'ai peur. Oh ! pourquoi les montagnes sont-elles si *effroyables* ? Phil, promettez-moi, promettez-moi que vous m'aimerez *toujours*.

LE CAP. G. — Qu'est-ce qu'il y a donc, chérie ? Je ne peux promettre plus que je n'ai fait ; mais je ne cesserai de le promettre encore et encore si vous voulez.

MRS. G. (*la tête sur l'épaule de son mari*). — Dites-le donc… dites-le. N-non… ne le dites pas ! Les… les… aigles riraient. (*Se remettant.*) Mon mari, vous avez épousé une petite oie.

LE CAP. G. (*très tendrement*). — Vraiment ? Je me contente de ce qu'elle est, tant qu'elle est à moi.

MRS. G. (*promptement*). — Parce qu'elle est à vous ou parce qu'elle est moi en personne ?

LE CAP. G. — Parce qu'elle est l'un et l'autre. (*Piteusement.*) Je ne suis pas très fort, ma chère amie, et je ne crois pas pouvoir me faire comprendre convenablement.

MRS. G. — *Je* comprends. Pip, voulez-vous me dire quelque chose ?

LE CAP. G. — Tout ce que vous voudrez. (*A part.*) Je me demande ce qui va venir maintenant.

MRS. G. (*hésitante, les yeux baissés*). — Vous m'avez raconté une fois, dans le temps jadis — il y a des siècles et des siècles — que vous aviez été fiancé déjà auparavant. Je n'ai rien dit… *alors*.

LE CAP. G. (*naïvement*). — Pourquoi cela ?

MRS. G. (*levant les yeux sur ceux de son mari*). — Parce que — parce que j'avais peur de vous perdre, mon cœur. Mais maintenant… racontez-le… *s'il vous plaît*.

LE CAP. G. — Il n'y a rien à raconter. J'étais alors terriblement vieux — presque vingt-deux ans — et elle avait au moins cela.

MRS. G. — Ce qui veut dire qu'elle était plus vieille que vous. Je n'aimerais pas qu'elle eût été plus jeune. Eh bien ?

LE CAP. G. — Eh bien ! je me crus amoureux et en raffolai quelque peu, et… oh ! oui, ma parole, je me livrai à la poésie. Ha, ha !

MRS. G. — Vous n'avez pas écrit un vers pour *moi* ! Qu'est-ce qui se passa ?

LE CAP. G. — Je m'en vins par ici, et toute l'affaire s'en alla en fumée. Elle écrivit pour dire qu'il y avait eu malentendu, et puis elle se maria.

MRS. G. — Vous aimait-elle beaucoup ?

LE CAP. G. — Non. Au moins elle ne le laissa pas voir, autant que je me rappelle.

MRS. G. — Autant que vous vous rappelez ! Vous rappelez-vous son nom ? (*Elle l'écoute et baisse la tête.*) Merci, mon mari.

LE CAP. G. — Qui, si ce n'est vous, en avait le droit ? Maintenant, Petit Poidsléger, vous êtes-vous jamais trouvée mêlée à quelque sombre et horrible drame ?

MRS. G. — Si vous m'appelez *missis* Gadsby, peut-être vous le raconterai-je.

LE CAP. G. (*prenant sa voix de commandement*). — *Missis* Gadsby, confessez !

MRS. G. — Juste Ciel, Phil ! Je n'eusse jamais cru que vous pouviez prendre cette terrible voix.

LE CAP. G. — Vous ne connaissez pas encore le quart de mes talents. Attendez que nous soyons installés dans les plaines, et je vous montrerai comment j'aboie après mes hommes. Vous alliez dire, chérie ?

MRS. G. — Je… n'ose guère continuer, après cette voix-là. (*Chevrotant.*) Phil, n'ayez jamais l'audace de me parler sur ce ton-là, quoi que je puisse faire !

LE CAP. G. — Mon pauvre petit amour ! Mais vous tremblez toute. Je *suis* si fâché. Il va sans dire que je n'ai jamais eu l'intention de vous bouleverser. Ne me racontez rien. Je suis une brute.

MRS. G. — Non, vous n'êtes pas une brute, et je vais vous raconter… Il y eut un homme.

LE CAP. G. (*gaiement*). — Y eut-il ? L'heureux mortel !

MRS. G. (*tout bas*). — Et je crus que je l'aimais.

LE CAP. G. — Mortel deux fois heureux ! Eh bien ?

MRS. G. — Et je crus que je l'aimais… et je ne l'aimais pas… et alors vous êtes venu… et c'était vous que j'aimais, beaucoup, *beaucoup*. Oui, vraiment. C'est tout. (*Face voilée.*) Vous n'êtes pas fâché, n'est-ce pas ?

LE CAP. G. — Fâché ? Pas le moins du monde. (*A part.*) Bon Dieu, qu'ai-je fait pour mériter cet ange ?

MRS. G. (*à part*). — Et il ne m'a même pas demandé le nom ! Comme les hommes sont drôles ! Mais c'est peut-être aussi bien.

LE CAP. G. — Cet homme ira au ciel parce que jadis vous avez cru l'aimer. Je me demande si, moi, vous me remorquerez jamais là-haut ?

MRS. G. (*fermement*). — Je n'irai pas si vous n'y allez pas.

LE CAP. G. — Merci. Dites-moi, Chaton, je ne connais pas beaucoup vos croyances religieuses. Vous avez été élevée à croire en un ciel et tout cela, n'est-ce pas ?

MRS. G. — Oui. Mais c'était un ciel capitonné, avec des livres d'hymnes dans tous les bancs.

LE CAP. G. (*branlant la tête avec une conviction intense*). — Qu'à cela ne tienne. Il y en a un de vrai, un ciel.

MRS. G. — D'où apportez-vous ce message, mon prophète ?

LE CAP. G. — D'ici ! Parce que nous nous aimons tous deux. De sorte que tout va bien.

MRS. G. (*tandis qu'une troupe de langurs*[22] *mène fracas à travers les branches*). — De sorte que tout va bien. Mais Darwin dit que nous descendons de ces animaux-là !

[22] Espèce de singes qui pullulent dans l'Inde.

LE CAP. G. (*avec sérénité*). — Ah ! Darwin ne fut jamais amoureux d'un ange. Voilà qui règle la question. Sstt, espèces de brutes ! Des singes, vraiment ! Vous ne devriez pas lire ces livres-là.

MRS. G. (*se croisant les mains*). — S'il plaît à mon seigneur et maître de publier sa proclamation.

LE CAP. G. — Taisez-vous, chère amie. Il n'y a pas d'ordres entre nous. Seulement, j'aimerais mieux que vous ne les lisiez pas. Ils ne conduisent à rien et cassent la tête aux gens.

MRS. G. — Comme vos premières fiançailles.

LE CAP. G. (*avec un calme immense*). — C'était un mal nécessaire, et qui m'a conduit à vous. N'êtes-vous rien ?

MRS. G. — Pas tant que cela, n'est-ce pas ?

LE CAP. G. — Tout ce monde-ci et l'autre pour moi.

MRS. G. (*très tendrement*). — Mon cher, cher petit mari ! A mon tour *vous* dirai-je quelque chose ?

LE CAP. G. — Oui, si ce n'est pas terrible… au sujet des autres hommes.

MRS. G. — C'est au sujet de ma propre vilaine petite personne.

LE CAP. G. — Alors, ce doit être charmant. Allez, ma chère amie.

MRS. G. (*lentement*). — Je ne sais pas pourquoi je vous le dis, Pip, mais si jamais vous vous remariiez… (*Intermède.*) Enlevez votre main de ma bouche ou je *mords* ! Dans l'avenir, donc, rappelez-vous… je ne sais pas trop comment dire cela !

LE CAP. G. (*reniflant avec indignation*). — N'essayez pas. « Me remarier », vraiment !

MRS. G. — Je dois. Écoutez, mon mari. Jamais, jamais, *jamais* ne dites à votre femme quoi que ce soit que vous ne vouliez pas qu'elle se rappelle ni qui fasse l'objet de ses pensées toute sa vie. Parce qu'une femme — oui, je *suis* une femme — ne peut pas oublier.

LE CAP. G. — Ma parole, comment savez-vous cela ?

MRS. G. (*avec confusion*). — Je ne le sais pas. Je ne fais que le deviner. Je suis — j'étais — une sotte petite fille ; mais je sens que j'en sais tant — oh ! tellement plus que vous, mon bien aimé ! Pour commencer, je suis votre femme.

LE CAP. G. — C'est ce que j'ai été induit à croire.

MRS. G. — Et j'aurai besoin de connaître chacun de vos secrets… de partager avec vous tout ce que vous savez.

> *Elle ouvre les yeux autour d'elle d'un air désespéré.*

LE CAP. G. — C'est ce que vous ferez, mon amie, c'est ce que vous ferez… mais ne regardez pas comme cela.

MRS. G. — Dans votre propre intérêt, ne m'arrêtez pas, Phil. Je ne recommencerai jamais une conversation de ce genre avec vous. Il *ne* faut *pas* me dire ! Du moins, pas maintenant. Plus tard, quand je serai une vieille dame, cela ne fera rien ; mais si vous m'aimez, montrez-vous bon, très bon pour moi ; car cette heure de ma vie, *jamais* je ne l'oublierai ! Vous ai-je fait comprendre ?

LE CAP. G. — Je le crois, enfant. Ai-je rien dit encore que vous désapprouviez ?

MRS. G. — Serez-vous *très* fâché ? Cette… cette voix, et ce que vous avez dit à propos de l'engagement…

LE CAP. G. — Mais c'est vous qui avez *demandé* qu'on vous le raconte, chérie.

MRS. G. — Et *c'est* pourquoi vous n'auriez pas dû me le raconter ! Vous devez être le juge, et, oh ! Pip, malgré tout mon amour pour vous, je ne serai jamais capable de vous aider ! Je ne ferai que vous empêcher, et il vous faut juger en dépit de moi !

LE CAP. G. (*d'un air méditatif*). — Nous avons un grand nombre de choses à découvrir ensemble, Dieu nous vienne en aide à tous deux — répétez-le, chaton — mais nous nous comprendrons l'un l'autre de mieux en mieux chaque jour ; et je crois que je commence à voir, maintenant. Comment, diable, êtes-vous arrivée à savoir l'importance *au juste* qu'il y avait à me donner *justement* cette inspiration-là ?

MRS. G. — Je vous ai dit que je ne sais pas. Seulement, de manière ou d'autre, il semblait que, dans toute cette nouvelle vie, j'étais guidée pour votre salut aussi bien que pour le mien.

LE CAP. G. (*à part*). — Alors, Mafflin avait raison ! Elles savent, et nous… nous sommes aveugles… tous. (*Gaiement.*) Il me semble que nous perdons un peu pied, ma chère amie, ne trouvez-vous pas ? Je me rappellerai, et si je viens à faillir, puissé-je être châtié comme je le mérite.

MRS. G. — Il n'y aura pas de châtiment. C'est d'ici que nous allons faire voile pour la vie… vous et moi… et personne autre.

LE CAP. G. — Et personne autre. (*Une pause.*) Vous avez les cils tout mouillés, ma jolie ! Vit-on jamais si absurde petite fille ?

MRS. G. — Entendit-on jamais dire de telles bêtises ?

LE CAP. G. (*secouant les cendres de sa pipe*). — Ce n'est pas ce que nous disons, c'est ce que nous ne disons pas, qui est utile. Et tout ce que nous avons dit est profonde philosophie. Mais personne ne comprendrait… même si on le mettait dans un livre.

MRS. G. — Quelle idée ! Non… rien que nous autres, ou les gens comme nous… s'il y a des gens comme nous.

LE CAP. G. (*d'un ton doctoral*). — Tous les gens, qui ne sont pas comme nous, sont d'aveugles idiots.

MRS. G. (*s'essuyant les yeux*). — Croyez-vous, alors, qu'il existe des gens aussi heureux que nous ?

LE CAP. G. — Il doit en exister — à moins que nous ne nous soyons approprié tout le bonheur du monde.

MRS. G. (*regardant vers Simla*). — Les pauvres gens ! Si c'était vrai, tout de même !

LE CAP. G. — Eh bien, dans ce cas, gardons tout le fourbi pour nous, car c'est trop chouette pour le perdre… hein, petite femme à moi ?

MRS. G. — Oh ! Pip ! Pip ! Jusqu'à quel point êtes-vous un homme grave et marié, et jusqu'à quel point un horrible gavroche ?

LE CAP. G. — Quand vous me direz jusqu'à quel point vous aviez dix-huit ans à votre dernier anniversaire, et jusqu'à quel point vous êtes aussi vieille que le sphinx et deux fois aussi mystérieuse, peut-être vous écouterai-je. Prêtez-moi ce banjo. La nature m'incite à hurler au coucher du soleil.

MRS. G. — Faites attention ! Il n'est pas accordé. Ah ! cela fait mal !

LE CAP. G. (*tournant les chevilles*). — C'est étonnamment difficile de garder un banjo au diapason convenable.

MRS. G. — C'est la même chose avec tous les instruments de musique. Qu'est-ce que cela va être ?

LE CAP. G. — « Vanité », et que les montagnes entendent. (*Il chante d'un bout à l'autre le premier couplet et la moitié du second. Se tournant vers* MRS. G.) Maintenant, le chœur ! Chantez, chaton !

TOUS DEUX ENSEMBLE. (*Con brio, à l'horreur des singes, lesquels sont en train de s'installer pour la nuit.*)

> « Vanité, tout est vanité, »
> Disait la Sagesse railleuse…
> Sur quoi, pressant de ma Beauté
> La main délicate et moelleuse,
> Répondis : « Si c'est vanité,
> Qui donc s'en irait être sage ?
> Qui donc s'en irait être sage ?
> Qui donc s'en irait être sa-age ?
> (*Crescendo*)
> Non, restons sur la vanité ! »

MRS. G. (*d'un air de défi au gris du ciel crépusculaire*). — « Restons sur la vanité. »

L'ÉCHO (*du contrefort du Fagoo*). — Vanité !

MADAME BARBE-BLEUE

Ouvrez tout, allez partout ; mais pour ce petit cabinet, je vous défends d'y entrer.

La Barbe-Bleue.

DÉCOR. — *Le bungalow des* GADSBY *dans les plaines. Un dimanche matin, onze heures.* LE CAPITAINE GADSBY, *en manches de chemise, est penché sur un harnachement complet de hussard, depuis la selle jusqu'à la corde de bivouac, lequel est proprement rangé sur le plancher de son cabinet. Il fume une vieille bouffarde de bruyère, et la pensée lui ride le front.*

LE CAP. G. (*à lui-même, en maniant une têtière*). — Jack est un âne. Il y a du cuivre là-dessus de quoi charger une mule — et si les Américains connaissent rien à rien, on peut faire tout sauter, sauf le mors. Pas besoin non plus du licol d'abreuvoir. De la blague ! — Une demi-douzaine de parures de chaînes et de porte-mousqueton pour un seul cheval ! Absurde ! (*Se grattant la tête.*) Voyons, réfléchissons à tout, en prenant les choses au commencement. Ma parole, j'ai oublié le barême des poids ! N'importe. Garderons le mors seulement, et éliminerons tous les cuivres, depuis la croupière jusqu'au poitrail. Pas de poitrail du tout. Une simple courroie… comme les Russes. Hi ! Jack n'aurait jamais pensé à cela !

MRS. G. (*entrant précipitamment, la main bandée*). — Oh ! Pip, je me suis brûlé la main avec ces horribles, horribles confitures de Tiparee !

LE CAP. G. (*d'un air absent*). — Hein ! Quo-oi ?

MRS. G. (*l'œil tout grand de reproche*). — Je me suis brûlée *af*-freusement ! Cela ne vous fait rien ? Et moi qui tenais tant à ce que ces confitures confiturent comme il faut !

LE CAP. G. — Pauvre petite femme ! Laissez-moi embrasser la place et qu'il n'y paraisse plus. (*Déroulant le bandage.*) Petite farceuse ! Où est-elle, cette brûlure ? Je ne la vois pas.

MRS. G. — Au bout du petit doigt. Là !… C'est une grosse, grosse brûlure !

LE CAP. G. (*baisant le petit doigt*). — Bébé ! Laissez Hyder veiller aux confitures. Vous savez que je ne tiens pas aux chatteries.

MRS. G. — Vrai-ment ?... Pip !

LE CAP. G. — Pas de ce genre en tout cas. Et maintenant, sauvez-vous, Minnie, et laissez-moi à mes bas calculs. Je suis occupé.

MRS. G. (*s'installant avec calme sur une chaise longue*). — Je le vois. Quel gâchis vous faites ! Pourquoi avez-vous apporté toutes ces machines en cuir qui empestent la maison ?

LE CAP. G. — Pour faire joujou. Est-ce que cela vous ennuie, ma chère ?

MRS. G. — Laissez-*moi* faire joujou aussi. Cela me ferait plaisir.

LE CAP. G. — Je crains que non, chaton... Ne pensez-vous pas que ces confitures vont brûler, ou quoi que ce soit que font les confitures lorsqu'une adroite petite femme de ménage ne les surveille pas ?

MRS. G. — Je croyais vous avoir entendu dire que Hyder pouvait s'en occuper. Je l'ai laissé dans la verandah, en train de les remuer... quand je me suis fait tant de mal.

LE CAP. G. (*l'œil revenant au harnachement*). — Po-oovre petite femme !... Trois livres quatre onces et sept onces font trois livres onze onces, et on peut réduire cela à deux livres huit onces, rien qu'avec un peuu-tit peu de soin, sans rien affaiblir. La ferrure, c'est de la blague dans des mains incompétentes. Quel besoin d'une poche à fers quand un homme s'en va en éclaireur ? Il ne peut pas le coller d'un coup de langue... comme un timbre-poste... ce fer ! Balivernes !

MRS. G. — Qu'est-ce qui est des balivernes ? Puhh ! Avec quoi nettoie-t-on ce cuir ?

LE CAP. G. — Avec de la crème, du champagne et... Écoutez, chère amie, avez-vous vraiment besoin de me parler à propos de quelque chose d'important ?

MRS. G. — Non. J'ai fini mes comptes, et je pensais que cela m'amuserait de voir ce que vous faisiez.

LE CAP. G. — Eh bien, amour, maintenant vous avez vu et... cela ne vous ferait-il rien ?... c'est-à-dire... Minnie, je suis *vraiment* occupé.

MRS. G. — Vous voulez que je m'en aille ?

LE CAP. G. — Oui, chère amie, pour un petit moment. Ce tabac va coller à votre robe, et des affaires de sellerie ne vous intéressent pas.

MRS. G. — Tout ce que vous faites m'intéresse, Pip.

LE CAP. G. — Oui, je le sais, je le sais, chère amie. Je vous dirai tout ce qui concerne cela à quelque jour, lorsque j'aurai tiré la chose au clair. En attendant…

MRS. G. — On va me renvoyer de la pièce comme un enfant ennuyeux ?

LE CAP. G. — No-on. Ce n'est pas exactement cela que je veux dire. Mais, vous comprenez, je vais être là à piétiner de côté et d'autre, à changer ces choses de place en place, et je serai toujours à vous gêner. Ne croyez-vous pas ?

MRS. G. — Est-ce que je ne peux pas le faire ? Laissez-moi essayer.

Elle étend la main vers la selle de cavalier.

LE CAP. G. — Bonté divine, enfant, pas touche ! Vous allez vous faire du mal. (*Ramassant la selle.*) Les *numdahs* ne sont pas faits pour se voir maniés par des petites filles. Voyons, où voulez-vous que je le mette ?

Il tient la selle levée au-dessus de sa tête.

MRS. G. (*la voix altérée*). — Nulle part. Pip, comme vous êtes bon… et fort ! Oh ! qu'est-ce que c'est que cette vilaine barre rouge à l'intérieur de votre bras ?

LE CAP. G. (*baissant vivement la selle*). — Rien. C'est une marque quelconque. (*A part.*) Et Jack qui vient à l'heure du tiffin[23] avec *ses* idées toutes faites !

[23] Second déjeuner, dans l'Inde.

MRS. G. — Je sais bien que c'est une marque, mais je ne l'avais pas vue encore. Elle court tout du long du bras. Qu'est-ce que c'est ?

LE CAP. G. — Une coupure… si vous voulez savoir.

MRS. G. — Si je veux savoir ! Naturellement que je le veux ! Je ne tiens pas à voir mon mari taillé en morceaux de cette façon-là. Comment est-ce arrivé ? Est-ce un accident ? Racontez-moi, Pip.

LE CAP. G. (*d'un air renfrogné*). — Non, ce n'est pas un accident. J'ai reçu cela… d'un homme… en Afghanistan.

MRS. G. — A la guerre ? Oh ! Pip, et vous ne me l'avez *jamais* dit !

LE CAP. G. — Je l'avais complètement oublié.

MRS. G. — Tenez votre bras en l'air ! Quelle horrible, vilaine cicatrice ? Êtes-vous sûr que cela ne fait plus de mal maintenant ? Comment cet homme vous a-t-il fait cela ?

LE CAP. G. (*regardant d'un air désespéré à sa montre*). — Avec un coutelas. Je suis tombé… le vieux Van Loo plutôt… qui me tomba sur la jambe, de sorte que je ne pouvais pas me sauver. Et alors cet homme s'en vint et se mit en devoir de me tailler en tranches pendant que j'étais les quatre fers en l'air.

MRS. G. — Oh ! taisez-vous ! C'est assez !… Eh bien, qu'arriva-t-il ?

LE CAP. G. — Je ne pouvais atteindre à ma fonte, et c'est alors que Mafflin arriva fort à propos pour mettre fin à la petite fête.

MRS. G. — Comment ? Un paresseux comme lui ; je ne crois pas cela.

LE CAP. G. — Non ? Je ne pense pas que l'homme eut beaucoup de doute à cet égard. Jack lui trancha la tête.

MRS. G. — Tran-cha-la-tête ! « D'un seul coup », comme on dit dans les livres ?

LE CAP. G. — Je ne suis pas sûr. J'étais trop intéressé à moi-même pour en savoir long à ce propos. N'importe comment, la tête était tranchée, et Jack donnait au vieux Van Loo des coups de poing dans les côtes pour le faire se lever. Maintenant vous savez tout, chère amie, et maintenant…

MRS. G. — Vous voulez que je m'en aille, naturellement. Vous ne m'aviez jamais parlé de cela, quoique nous soyons déjà depuis *si longtemps* mariés ; vous ne me *l'eussiez* jamais dit si je n'avais pas découvert la chose ; vous *ne me dites* jamais quoi que ce soit sur vous, ou ce que vous faites, et ce qui vous intéresse.

LE CAP. G. — Chérie, je suis toujours avec vous, dites-moi ?

MRS. G. — Toujours dans mes jupes, alliez-vous dire. Je sais que vous y êtes ; mais votre *pensée* est toujours ailleurs.

LE CAP. G. (*essayant de dissimuler un sourire*). — Vraiment ? Je ne m'en doutais pas. Je suis horriblement fâché.

MRS. G. (*piteusement*). — Oh ! ne vous moquez pas de moi ! Pip, vous savez ce que je veux dire. Quand vous lisez une de ces choses sur la cavalerie, par cet idiot de prince… Pourquoi ne reste-t-il pas prince, celui-là, au lieu de faire le garçon d'écurie ?

LE CAP. G. — Le prince Kraft, un garçon d'écurie !… Oh ! ma mère ! Ne faites pas attention, chère amie. Vous alliez dire ?

MRS. G. — Peu importe ; vous ne vous inquiétez pas de ce que je dis. Seulement… seulement vous vous levez pour arpenter la pièce, en regardant devant vous, et alors Mafflin arrive pour dîner, et une fois que je suis dans le salon, je vous entends, vous et lui, causer, causer, causer, de choses que je ne peux pas comprendre, et… oh ! je deviens *si* lasse et me sens *si* seule !… Je ne cherche pas à me plaindre ni à être un sujet d'ennui, Pip ; mais c'est comme cela… oui, c'est comme cela !

LE CAP. G. — Ma pauvre chérie ! Je n'y ai jamais pensé. Pourquoi n'invitez-vous pas à dîner quelques gens agréables ?

MRS. G. — Des gens agréables ! Où donc les trouver ? D'horribles toupies ! Et si je le *faisais*, cela ne m'amuserait pas. Vous savez que je ne veux que *vous*.

LE CAP. G. — Et vous m'avez à coup sûr, amour ?

MRS. G. — Je ne vous ai pas ! Pip, pourquoi ne me faites-vous pas entrer dans votre existence ?

LE CAP. G. — Plus que je ne fais ? Ce serait difficile, chère amie.

MRS. G. — Oui, je le suppose… à vos yeux. Je ne vous suis d'aucune aide… nullement un compagnon ; et vous aimez mieux qu'il en soit ainsi.

LE CAP. G. — N'êtes-vous pas quelque peu déraisonnable, chaton ?

MRS. G. (*frappant du pied*). — Je suis la femme la plus raisonnable du monde… lorsqu'on me traite d'une façon convenable.

LE CAP. G. — Et depuis quand vous ai-je traitée d'une façon qui ne fût pas convenable ?

MRS. G. — Toujours… et depuis le commencement. Vous le *savez* bien.

LE CAP. G. — Non, je ne le sais pas ; mais je ne demande qu'à être convaincu.

MRS. G. (*désignant le harnachement*). — Là !

LE CAP. G. — Que voulez-vous dire ?

MRS. G. — Qu'est-ce que tout *cela* veut dire ? Pourquoi ne m'en parle-t-on pas ? Est-ce si précieux ?

LE CAP. G. — J'oublie sa valeur exacte pour le gouvernement quant à présent. Ce que cela veut dire, c'est ce que c'est beaucoup trop lourd.

MRS. G. — Alors pourquoi y toucher ?

LE CAP. G. — Pour le rendre plus léger. Écoutez-moi, petit amour, j'ai une idée et Jack en a une autre, mais nous sommes tous deux d'accord que tout ce harnachement est d'environ trente livres trop lourd. La question est de savoir comment le réduire sans en affaiblir aucune partie, et en même temps comment permettre au cavalier de porter tout ce dont il a besoin pour son propre confort — chaussettes, chemises et choses de ce genre.

MRS. G. — Pourquoi ne les emballe-t-il pas dans une petite malle ?

LE CAP. G. (*l'embrassant*). — Oh ! petit ange ! Les emballer dans une petite malle, vraiment ! Les housards ne trimbalent pas de malles, et c'est une chose on ne peut plus importante que de faire opérer au cheval tout le transport.

MRS. G. — Mais pourquoi avez-vous besoin, vous, de vous tracasser à ce sujet ? Vous n'êtes pas un simple cavalier.

LE CAP. G. — Non ; mais je commande à quelques douzaines d'entre eux ; et le harnachement est presque tout, à l'heure qu'il est.

MRS. G. — Plus que *moi* ?

LE CAP. G. — Petite sotte ! Naturellement non ; mais c'est une affaire dans laquelle je suis terriblement intéressé, attendu que si moi ou Jack, ou moi et Jack, venons à bout de quelque espèce de selle plus légère et tout cela, il est possible que nous arrivions à la faire adopter.

MRS. G. — Comment ?

LE CAP. G. — Sanctionner en Angleterre, où l'on fera un modèle poinçonné, un modèle que tous les selliers doivent copier ; et de la sorte, elle sera employée par tous les régiments.

MRS. G. — Et cela vous intéresse ?

LE CAP. G. — Cela fait partie de ma profession, vous savez, et ma profession est beaucoup pour moi. Tout, dans l'équipement d'un soldat, est important, et si nous pouvons l'améliorer, cet équipement, tant mieux pour le soldat et pour nous.

MRS. G. — Qui « nous » ?

LE CAP. G. — Jack et moi ; seulement les idées de Jack sont trop radicales. Pour quel motif ce gros soupir, Minnie ?

MRS. G. — Oh ! rien… Et vous avez fait de tout cela un secret pour moi ?

LE CAP. G. — Pas un secret, exactement, ma chère amie. Je ne vous en ai rien dit parce que je ne pensais pas que cela vous amuserait.

MRS. G. — Et suis-je faite seulement pour qu'on m'amuse ?

LE CAP. G. — Non, naturellement. Je veux dire simplement que cela ne pouvait pas vous intéresser.

MRS. G. — C'est *votre* travail et… et si vous vouliez me le permettre, je ferais tous les calculs. Si ces choses sont trop lourdes, vous savez de combien, et il vous faut avoir une liste de choses dressée d'avance pour arriver à l'allègement souhaité, et…

LE CAP. G. — J'ai bien mes deux listes de comparaison quelque part dans la tête ; mais il est difficile de dire la légèreté que l'on peut donner à une têtière, par exemple, avant d'en avoir fait faire vraiment un modèle.

MRS. G. — Mais si vous lisiez tout haut la liste, je pourrais l'écrire sous votre dictée, et l'épingler là en face, juste au-dessus de votre table. Cela ne ferait-il pas l'affaire ?

LE CAP. G. — Ce serait tout ce qu'il y a de plus charmant, chère amie, mais ce serait aussi vous donner de l'ennui pour rien. Je ne peux pas travailler de cette manière-là. Je fais cela à vue de nez. Je connais l'échelle de poids actuelle, et l'autre — celle à laquelle je tâche de travailler — montera et descendra au point que je ne pourrais être certain, même si je la couchais par écrit.

MRS. G. — Je suis *si* désolée. Je pensais que je pourrais vous aider. N'y a-t-il rien autre en quoi je pourrais être utile ?

LE CAP. G. (*faisant du regard le tour de la pièce*). — Je ne vois rien. Vous êtes pour moi d'une aide constante, vous savez.

MRS. G. — Oui ? Comment ?

LE CAP. G. — Vous êtes vous, naturellement, et tant que vous êtes près de moi… je ne saurais expliquer exactement… mais c'est dans l'air.

MRS. G. — Et c'est pourquoi vous vouliez me renvoyer ?

LE CAP. G. — C'est seulement quand j'essaie de faire du travail… du travail de manœuvre comme ceci.

MRS. G. — Mafflin est préférable, alors, n'est-ce pas ?

LE CAP. G. (*sans réfléchir*). — Naturellement oui. Jack et moi avons passé deux ou trois années penchés sur le même sillon à propos de ce harnachement. C'est notre dada, et cela peut, à quelque jour, rendre de réels services.

MRS. G. (*après une pause*). — Et c'est tout ce dont vous me tenez écartée ?

LE CAP. G. — Vous n'en êtes pas très écartée maintenant. Prenez garde que l'huile de ce mors ne passe sur votre robe.

MRS. G. — Je voudrais… je voudrais tant pouvoir effectivement vous aider. Je crois que je le pourrais… en quittant cette pièce. Mais ce n'est pas cela que je veux dire.

LE CAP. G. (*à part*). — Que Dieu m'accorde patience ! Je voudrais qu'elle s'en aille. (*Haut.*) Je vous assure que vous ne pouvez rien pour moi, Minnie, et il faut absolument que je m'y mette. Où est ma blague ?

MRS. G. (*se dirigeant vers la table à écrire*). — La voilà, ours. Dans quel gâchis vous tenez votre table !

LE CAP. G. — N'y touchez pas. Il y a de l'ordre dans mon désordre, aussi étrange que cela puisse vous paraître.

MRS. G. (*à la table*). — Je veux voir… Est-ce que vous tenez des comptes, Pip ?

LE CAP. G. (*se penchant sur le harnachement*). — Si vous voulez. Êtes-vous en train de ravager dans les papiers de service ? Faites attention.

MRS. G. — Pourquoi ? Je ne vais rien déranger. Bonté divine ! Je n'avais pas idée que vous eussiez quoi que ce soit à faire avec tant de chevaux malades.

LE CAP. G. — Je voudrais bien qu'il en soit autrement, mais ils insistent pour tomber malades. Minnie, à votre place, je ne mettrais vraiment pas le nez dans ces papiers-là. Il se peut que vous tombiez sur quelque chose qui ne vous plaise pas.

MRS. G. — Pourquoi voulez-vous toujours me traiter en enfant ? Je sais que je ne dérange rien de toutes ces sales choses-là.

LE CAP. G. (*avec résignation*). — Très bien ; alors, ne m'accusez pas s'il vous arrive quoi que ce soit. Amusez-vous avec la table et laissez-moi continuer avec le harnachement. (*Glissant la main dans la poche de son pantalon.*) Oh ! diable !

MRS. G. (*le dos tourné*). — Pourquoi cela ?

LE CAP. G. — Rien. (*A part.*) Cela ne dit pas grand'chose, mais je voudrais bien l'avoir déchiré.

MRS. G. (*examinant tout ce qu'il y a sur la table*). — Je sais que je vais me faire détester par vous, mais je veux voir à quoi cela ressemble, votre travail. (*Une pause.*) Pip, qu'est-ce que c'est que des « boutons de farcin » ?

LE CAP. G. — Ha ! Vous voulez vraiment savoir ? Ce n'est rien de joli.

MRS. G. — Ce *Journal de Science Vétérinaire* déclare que c'est d'un « intérêt palpitant ». Expliquez-moi.

LE CAP. G. (*à part*). — Il se peut que cela détourne son attention.

Il donne une description longue, et dégoûtante à dessein, de la morve et du farcin.

MRS. G. — Oh ! cela suffit. Ne poursuivez pas !

LE CAP. G. — Mais vous vouliez savoir… Alors ces machines-là suppurent, coulent et se propagent…

MRS. G. — Pip, vous me faites mal au cœur ! Vous n'êtes qu'un horrible et dégoûtant écolier.

LE CAP. G. (*à genoux parmi les brides*). — C'est vous qui me l'avez demandé. Ce n'est pas ma faute si vous êtes là à me tracasser pour vous raconter des horreurs.

MRS. G. — Pourquoi n'avez-vous pas dit non ?

LE CAP. G. — Juste Ciel, enfant ! Êtes-vous venue ici simplement pour me tyranniser ?

MRS. G. — Moi, vous tyranniser ? Comment le pourrais-je. Vous êtes si fort. (*A deux doigts d'une crise.*) Assez fort pour me prendre dans vos bras et me mettre à la porte pour m'y laisser pleurer, n'est-ce pas ?

LE CAP. G. — Il me semble que vous êtes un petit bébé déraisonnable. Allez-vous tout à fait bien ?

MRS. G. — Est-ce que j'ai l'air malade ? (*Retournant à la table.*) Qui est cette amie à la grande enveloppe grise avec le gros monogramme dessus ?

LE CAP. G. (*à part*). — Ce n'était donc pas sous clef, saperlipopette ! (*Haut.*) « Dieu l'a faite, qu'elle passe donc pour une femme[24]. » Vous vous rappelez ce que c'est que les boutons de farcin ?

[24] Shakespeare. *Le Marchand de Venise.*

MRS. G. (*montrant l'enveloppe*). — Ceci n'a rien à faire avec *eux*. Je vais l'ouvrir. Le puis-je ?

LE CAP. G. — Certainement, si vous y tenez. Je préférerais que non, cependant. Je ne demande pas à voir vos lettres à la petite Deercourt.

MRS. G. — Vous faites aussi bien, monsieur. (*Elle tire la lettre de l'enveloppe.*) Maintenant, puis-je regarder ? Si vous dites non, je vais pleurer.

LE CAP. G. — Vous n'avez jamais pleuré à ma connaissance, et je ne crois pas que vous le puissiez.

MRS. G. — Je m'en sens tout près aujourd'hui, Pip. Ne soyez pas dur avec moi. (*Elle lit la lettre.*) Cela commence au milieu, sans « Cher capitaine Gadsby », ou quoi que ce soit. Comme c'est drôle !

LE CAP. G. (*à part*). — Non, ce n'est pas « Cher capitaine Gadsby », ou quoi que ce soit, maintenant. Comme c'est drôle !

MRS. G. — Quelle étrange lettre ! (*Elle lit.*) « Ainsi, le papillon a fini par s'approcher trop près de la chandelle, et s'est vu passer de la flamme dans la… dirai-je respectabilité ? Je le félicite, et j'espère qu'il aura tout le bonheur qu'il mérite. » Qu'est-ce que cela veut dire ? Vous félicite-t-elle à propos de notre mariage ?

LE CAP. G. — Oui, je le suppose.

MRS. G. (*lisant toujours la lettre*). — On dirait que c'est une de vos amies particulières.

LE CAP. G. — Oui. C'était une excellente brave dame… une Mrs. Herriott… femme d'un certain colonel Herriott. J'ai connu quelques-uns de ses parents au pays, il y a de cela longtemps… avant de venir par ici.

MRS. G. — Il y a des femmes de colonel qui sont jeunes… aussi jeunes que moi. J'en ai connu une qui était plus jeune.

LE CAP. G. — Alors, ce ne pouvait être Mrs. Herriott. Elle était assez âgée pour être votre mère, ma chère amie.

MRS. G. — Je me rappelle maintenant. Mrs. Scargill parlait d'elle au tennis chez les Duffin, avant que vous ne veniez me chercher, mardi. Le capitaine Mafflin disait que c'était une « bonne vieille dame ». Savez-vous, je crois que Mafflin est très maladroit de ses pieds.

LE CAP. G. (*à part*). — Ce brave Jack ! (*Haut.*) Pourquoi, chère amie ?

MRS. G. — Il avait posé sa tasse à terre, et il a littéralement marché dedans. J'ai eu ma robe toute éclaboussée de thé… la grise. Je voulais vous le dire déjà auparavant.

LE CAP. G. (*à part*). — Il y a en Jack l'étoffe d'un stratégiste, bien qu'il emploie des moyens un peu rudes. (*Haut.*) Vous ferez bien de faire faire une nouvelle robe, alors. (*A part.*) Prions pour que cela détourne son attention.

MRS. G. — Oh ! elle n'est pas tachée le moins du monde. Je croyais seulement devoir vous le dire. (*Revenant à la lettre.*) Quelle extraordinaire personne ! (*Elle lit.*) « Mais ai-je besoin de vous rappeler que vous avez assumé une charge de tutelle » — qu'est-ce que cela peut bien être, qu'une charge de tutelle ? — « qui, vous le savez vous-même, peut aboutir à des Conséquences… »

LE CAP. G. (*à part*). — C'est le plus sûr de les laisser voir tout au fur et à mesure qu'elles mettent le nez dessus ; mais il me semble qu'il y a des exceptions à la règle. (*Haut.*) Je vous ai dit qu'il n'y avait rien à tirer de bon du fait de remettre de l'ordre sur ma table.

MRS. G. (*d'un air absent*). — Que *veut* dire cette femme ? Elle continue de parler de Conséquences — de « presque inévitables Conséquences » avec un grand C — pendant une demi-page. (*Devenant écarlate.*) Oh ! bonté divine ! Mais c'est abominable !

LE CAP. G. (*promptement*). — Croyez-vous ? Cela ne montre-t-il pas une sorte d'intérêt maternel à notre égard ? (*A part.*) Dieu merci, Harrie enveloppait toujours prudemment ce qu'elle voulait dire ! (*Haut.*) Est-il absolument nécessaire de continuer la lettre, ma chérie ?

MRS. G. — C'est de l'impertinence — c'est simplement horrible. Quel *droit* avait cette femme de vous écrire de cette façon ? Elle n'eût pas dû le faire.

LE CAP. G. — Quand vous écrivez à la petite Deercourt, je remarque que vous remplissez trois ou quatre feuillets. Ne pouvez-vous pas laisser une vieille femme babiller sur du papier une fois par hasard ? Elle n'a que de bonnes intentions.

MRS. G. — Cela m'est égal. Elle n'eût pas dû écrire, et si elle l'a fait, vous eussiez dû me montrer sa lettre.

LE CAP. G. — Ne pouvez-vous pas comprendre pourquoi j'ai gardé la lettre pour moi seul, ou faut-il entrer dans de longues explications… comme j'ai fait pour les boutons de farcin ?

MRS. G. (*d'un ton furieux*). — Pip, je vous *déteste* ! C'est aussi mal que ces idiotes de sacoches, là, sur le plancher. Peu importe si cela m'eût plu ou non, vous eussiez dû me la donner à lire.

LE CAP. G. — C'est tout un. Vous l'avez prise vous-même.

MRS. G. — Oui, mais si je ne l'eusse pas prise, vous n'en eussiez soufflé mot. Je crois que cette Harriet Herriott — c'est comme un nom dans un livre — est une vieille fouine qui vient s'immiscer dans ce qui ne la regarde pas.

LE CAP. G. (*à part*). — Tant que vous resterez bien persuadée qu'elle *est* vieille, je ne me soucie guère de ce que vous pensez. (*Haut.*) Fort bien, ma chère amie. Vous plairait-il de lui écrire pour le lui dire ? Elle est à sept mille milles d'ici.

MRS. G. — Je n'ai pas besoin d'avoir rien à faire avec elle, mais vous eussiez dû m'en parler. (*Tournant à la dernière page de la lettre.*) Et elle prend des airs protecteurs à mon égard aussi. Je ne l'ai jamais vue, moi ! (*Elle lit.*) « Je ne sais pas comment il en retourne avec vous ; selon toute probabilité humaine jamais je ne le saurai ; mais quoi que j'aie pu dire jadis, je prie pour *elle* plus que pour vous, afin que tout aille bien. J'ai appris ce que c'est que la souffrance, et je n'ose souhaiter que quiconque vous est cher partage ma science. »

LE CAP. G. — Bon Dieu ! Ne pouvez-vous laisser cette lettre tranquille, ou, tout au moins, ne pouvez-vous vous abstenir de la lire à haute voix ? Je l'ai déjà parcourue. Remettez-la sur le bureau. M'entendez-vous ?

MRS. G. (*d'un air irrésolu*). — Je… je n'en ferai rien ! (*Elle regarde G. en face.*) Oh ! Pip, *je vous en prie* ! Je ne voulais pas vous fâcher… Non, vraiment, je ne voulais pas. Pip, je suis si désolée, je sais que je vous ai fait perdre votre temps…

LE CAP. G. (*d'un air renfrogné*). — Oui, vous me l'avez fait perdre. Maintenant, voulez-vous être assez bonne pour vous en aller… s'il n'y a plus rien dans mon cabinet où vous ne soyez impatiente de fourrer le nez ?

MRS. G. (*étendant les mains*). — Oh ! Pip, ne me regardez pas comme cela ! Je ne vous ai jamais encore vu regarder comme cela et cela me fai-ait mal ! Je suis si désolée. Je n'aurais pas dû venir ici du tout, et… et… et… (*Sanglotant.*) Oh ! soyez-moi bon ! Soyez-moi bon ! Il n'y a que vous… au monde !

Elle s'abandonne sur la chaise longue, en se cachant le visage dans les coussins.

LE CAP. G. (*à part*). — Elle ne sait pas comme elle m'a fouetté au sang. (*Haut, se penchant sur la chaise.*) Je n'ai pas eu l'intention d'être dur, ma chère amie… non, vraiment. Vous pouvez rester ici aussi longtemps que voulez et faire ce que vous voulez. Ne pleurez pas comme cela. Vous allez vous rendre malade. (*A part.*) Que diable a-t-il pu lui arriver ? (*Haut.*) Ma chérie, qu'est-ce que vous avez ?

MRS. G. (*le visage toujours caché*). — Laissez-moi m'en aller… laissez-moi m'en aller dans ma chambre. Seulement… seulement dites-moi que vous n'êtes pas fâché contre moi.

LE CAP. G. — Fâché contre *vous*, amour ! Cela va sans dire que non. C'était contre moi-même que j'étais fâché. C'est le harnachement qui m'avait fait sortir de mon caractère… Ne vous cachez pas le visage, chaton. Il faut que je l'embrasse.

> *Il se penche plus près,* MRS. G. *lui glisse le bras droit autour du cou. Plusieurs intermèdes et beaucoup de sanglots.*

MRS. G. (*tout bas*). — Ce n'était pas des confitures que je voulais vous parler quand je suis entrée pour vous dire…

LE CAP. G. — Peste soit des confitures et du harnachement ! (*Intermède.*)

MRS. G. (*encore plus faiblement*). — Mon doigt n'était pas brûlé *du tout*. Je… je voulais vous parler de… de… de quelque chose autre, et… je ne savais pas comment.

LE CAP. G. — Dites, alors. (*La regardant au fond des yeux.*) Hein ? Quo-oi ? Minnie ! Voyons, ne vous en allez pas ! Vous ne voulez pas dire ?

MRS. G. (*hors d'elle, reculant jusqu'à la portière et se cachant le visage dans ses plis*). — Les… les Presque Inévitables Conséquences !

> *Elle s'enfuit par la portière tandis que G. essaie de l'attraper et s'en va se verrouiller dans sa chambre.*

LE CAP. G. (*les bras pleins de la portière*). — Oh ! (*Tombant lourdement sur la chaise longue.*) Je ne suis qu'une brute… un cochon… un tyran et un galopin. Ma pauvre, pauvre petite chérie ! « Faite seulement pour qu'on l'amuse…? »

LA VALLÉE DE L'OMBRE

Connaissant le Bien et le Mal.

DÉCOR. — *Le bungalow des Gadsby dans les plaines, en juin. Des coolies de punkah endormis dans la verandah que* LE CAP. GADSBY *arpente de haut en bas. Charrette du* DOCTEUR *sous le porche.* LE SOUS-AUMÔNIER *erre de côté et d'autre partout et avec inquiétude dans la maison. Trois heures quarante du matin. 34° de chaleur dans la verandah.*

LE DOCTEUR (*s'en venant dans la verandah et touchant* G. *à l'épaule*). — Vous feriez bien de rentrer la voir en ce moment.

LE CAP. G. (*la couleur de la cendre d'un bon cigare*). — Hein, quo-oi ? Oh ! oui, sans doute. Qu'est-ce que vous disiez ?

LE DOCTEUR (*syllabe par syllabe*). — Al — lez… dans… la… chambre… la… voir. Elle veut vous parler. (*A part, d'un air bourru.*) Ensuite ce sera *lui* que j'aurai sur les bras.

LE SOUS-AUMÔNIER (*dans la salle à manger à moitié éclairée*). — Est-ce qu'il n'y a pas ?…

LE DOCTEUR (*d'un air farouche*). — Chut, petit insensé.

LE SOUS-AUMÔNIER. — Laissez-moi faire mon affaire. Gadsby, arrêtez une minute !

 Il entreprend de suivre G.

LE DOCTEUR. — Attendez qu'elle vous envoie chercher au moins… *au moins.* Malheureux, il va vous tuer si vous entrez là ! Pourquoi le tracassez-vous comme cela ?

LE SOUS-AUMÔNIER (*s'en venant dans la verandah*). — Je lui ai donné un grog bien corsé. Il en a besoin. Vous l'avez oublié durant les dix heures qui viennent de s'écouler, et… vous vous êtes oublié vous-même aussi.

 G. *pénètre dans la chambre à coucher, laquelle est éclairée par une veilleuse. Sur le plancher une ayah fait semblant de dormir.*

UNE VOIX (*du lit*). — Tout le long de la rue… en voilà des feux de joie ! *Ayah*, allez les éteindre ! (*Semblant en appeler à témoin ceux qui écoutent.*) Comment pouvoir dormir avec une remise de décorations dans ma chambre ? Non… pas une remise de décorations. Quelque chose autre. *Qu'est-ce* que c'était ?

LE CAP. G. (*tâchant de se rendre maître de sa voix*). — Minnie, je suis ici. (*Se penchant sur le lit.*) Ne me reconnaissez-vous pas, Minnie ? C'est moi… c'est Phil… c'est votre mari.

LA VOIX (*machinalement*). — C'est moi… c'est Phil… c'est votre mari.

LE CAP. G. — Elle ne me reconnaît pas ! C'est votre mari à vous, chérie.

LA VOIX. — Votre mari à vous, chérie.

L'AYAH (*sous le coup d'une inspiration*). — *Memsahib* comprendre tout ce que *moi* dire.

LE CAP. G. — Fais-moi comprendre d'elle, alors… vite !

L'AYAH (*la main sur le front de Mrs. G.*). — *Memsahib !* Capitaine Sahib ici.

LA VOIX. — *Salaam do*[25]. (*Avec humeur.*) Je sais que je ne suis pas présentable.

[25] Salue-le.

L'AYAH (*à part, à G.*). — Dites « bonjour », comme à déjeuner.

LE CAP. G. — Bonjour, petite femme. Comment allons-nous aujourd'hui ?

LA VOIX. — C'est Phil. Pauvre vieux Phil ! (*D'un ton acerbe.*) Phil, espèce de bête, je ne peux pas vous voir. Venez plus près.

LE CAP. G. — Minnie, Minnie ! C'est moi… Vous me reconnaissez ?

LA VOIX (*d'un ton moqueur*). — Sans doute, que je vous reconnais. Qui ne reconnaîtrait l'homme qui s'est montré si cruel pour sa femme… presque la seule qu'il ait jamais eue ?

LE CAP. G. — Oui, chère amie. Oui… sans doute, sans doute. Mais ne voulez-vous pas lui parler ? Il voudrait tant vous parler !

LA VOIX. — Jamais ils ne le laisseront entrer. Le docteur l'empêcherait, même s'il était dans la maison. Il ne viendra jamais. (*D'un ton désespéré.*) Oh ! Judas ! Judas ! Judas !

LE CAP. G. (*étendant les bras*). — Ils l'ont laissé entrer, et il a toujours été dans la maison. Oh ! mon amour… est-ce que vous ne me reconnaissez pas ?

LA VOIX (*chantonnant*). — « Et il arriva à l'onzième heure que cette pauvre âme se repentit. » Elle frappa aux portes, mais elles étaient fermées… serrées comme un emplâtre… un grand emplâtre tout brûlant. Ils ont collé notre certificat de mariage tout en travers de la porte, et elle était en fer chauffé à blanc… Vraiment les gens devraient faire plus attention, vous savez.

LE CAP. G. — Que faire ? (*Il la prend dans ses bras.*) Minnie ! parlez-moi… à Phil.

LA VOIX. — Que vais-je dire ? Oh ! dites-moi ce qu'il faut dire avant qu'il soit trop tard ! Ils s'en vont tous et je ne peux rien dire.

LE CAP. G. — Dites que vous me reconnaissez ! Dites seulement que vous me reconnaissez !

LE DOCTEUR (*qui est entré sans bruit*). — Par pitié, ne prenez pas la chose trop à cœur, Gadsby ! Cela se produit quelquefois. Ils ne vous reconnaissent pas. Ils disent toutes sortes de choses bizarres… comprenez-vous ?

LE CAP. G. — Oui, oui ! Allez-vous-en maintenant, elle va me reconnaître ; vous l'ennuyez. Il le *faut*… N'est-ce pas qu'il le faut ?

LE DOCTEUR. — Elle le fera avant… Me permettez-vous d'essayer…?

LE CAP. G. — Tout ce que vous voulez, pourvu qu'elle me reconnaisse. Ce n'est qu'une question d'… heures, n'est-ce pas ?

LE DOCTEUR (*sur le ton professionnel*). — Tant qu'il y a de la vie, il y a de l'espoir, vous savez. Mais ne comptez pas dessus.

LE CAP. G. — Je ne compte sur rien. Rappelez-la à elle si c'est possible. (*A part.*) Qu'ai-je fait pour mériter cela ?

LE DOCTEUR (*se penchant sur le lit*). — Voyons, Mrs. Gadsby ! Nous serons guérie demain. Il *faut* le prendre, sans quoi je ne laisserai pas Phil vous voir. Ce n'est pas mauvais, n'est-ce pas ?

LA VOIX. — Des médecines ! *Toujours* des médecines ! Ne pouvez-vous pas me laisser tranquille ?

LE CAP. G. — Oh ! laissez-la en paix, docteur !

LE DOCTEUR (*se retirant en arrière — à part*). — Dieu me pardonne si j'ai mal fait. (*Haut.*) Dans quelques instants elle devrait revenir à elle ; mais je n'ose vous dire de vous attendre à quoi que ce soit. C'est seulement…

LE CAP. G. — Quo-oi ? Continuez donc.

LE DOCTEUR (*tout bas*). — Une façon de hâter le dernier effort.

LE CAP. G. — Alors, laissez-nous seuls.

LE DOCTEUR. — Ne vous occupez pas de ce qu'elle dira pour commencer, si vous pouvez. Ils… ils… ils se retournent quelquefois, en cet état-là, contre ceux qu'ils aiment le plus… C'est dur, mais…

LE CAP. G. — Est-ce moi son mari, ou est-ce vous ? Laissez-nous seuls pour ce que nous avons de temps à rester ensemble.

LA VOIX (*confidentiellement*). — Et nous avons été fiancés de la façon *la plus* soudaine, Emma. Je t'assure que je n'y ai jamais pensé un seul moment ; mais, pauvre de moi !… je ne sais pas *ce que* j'aurais fait s'il ne *s'était pas* proposé.

LE CAP. G. — Elle pense à la petite Deercourt avant de penser à moi. (*Haut.*) Minnie !

LA VOIX. — Pas dans les boutiques, chère maman. Vous pouvez faire venir les feuilles naturelles de Kaintu, et (*riant faiblement*) ne vous occupez pas des fleurs… La soie blanc mat ne convient qu'aux veuves, et je *ne veux pas* en porter. Cela ressemble à un suaire.

> *Une longue pause.*

LE CAP. G. — Je n'ai jamais encore demandé de faveur. S'il est quelqu'un qui m'écoute, qu'elle me reconnaisse… quand je devrais, moi aussi, mourir !

LA VOIX (*très faiblement*). — Pip, mon cher Pip.

LE CAP. G. — Je suis ici, chérie.

LA VOIX. — Qu'est-ce qui est arrivé ? Ils m'ont tellement ennuyée avec les médecines et un tas de choses, et ils ne voulaient pas vous laisser venir me voir. Je n'avais jamais encore été malade. Est-ce que je suis malade en ce moment ?

LE CAP. G. — Vous… vous n'êtes pas très bien.

LA VOIX. — Comme c'est drôle ! Est-ce qu'il y a longtemps que je suis malade ?

LE CAP. G. — Quelques jours ; mais vous n'allez pas tarder à vous remettre.

LA VOIX. — Croyez-vous, Pip ? Je ne me sens pas bien et… Oh ! qu'est-ce qu'on a fait à mes cheveux ?

LE CAP. G. — Je ne… ne… ne sais pas.

LA VOIX. — On les a coupés. Si c'est possible !

LE CAP. G. — C'était sans doute pour vous tenir la tête plus fraîche.

LA VOIX. — Absolument une perruque de gamin. J'ai l'air affreuse, hein ?

LE CAP. G. — Vous n'avez jamais paru plus jolie de votre vie, ma chère amie. (*A part.*) Comment vais-je lui demander de me dire adieu ?

LA VOIX. — Je ne me *sens* pas jolie. Je me sens très malade. Mon cœur ne marche pas. C'est presque mort à l'intérieur de moi, et j'éprouve quelque chose de drôle dans les yeux. Tout me semble à la même distance… vous, l'armoire, la table… à l'intérieur de mes yeux ou à des milles de distance. Qu'est-ce que cela veut dire, Pip ?

LE CAP. G. — Vous êtes un peu fiévreuse, chérie… très fiévreuse. (*Défaillant.*) Mon amour ! mon amour ! Comment vous laisser aller ?

LA VOIX. — C'est ce que je pensais. Pourquoi n'avoir pas commencé par le dire ?

LE CAP. G. — Quoi ?

LA VOIX. — Que je vais… mourir.

LE CAP. G. — Mais, vous n'allez pas mourir ! Vous ne mourrez pas !

L'AYAH (*au coolie de punkah, pénétrant dans la verandah après un coup d'œil au lit*). — *Punkah chor do !*[26]

    [26] Cesse de tirer le punkah.

LA VOIX. — C'est dur, Pip. Si, si dur après une année… rien qu'une année. (*Gémissant.*) Et je n'ai que vingt ans. La plupart des jeunes filles ne sont même pas mariées, à vingt ans. Ne peut-on rien faire pour me tirer de là ? Je ne *veux* pas mourir.

LE CAP. G. — Chut, ma chère amie. Vous ne mourrez pas.

LA VOIX. — Quel besoin de parler ? *Secourez*-moi ! Vous ne m'avez jamais encore fait défaut. Oh ! Phil, aidez-moi à rester en vie. (*Fiévreusement.*) Je ne crois pas que vous vouliez que je vive. Vous n'avez pas été triste le moins du monde quand cette horreur de bébé est mort. J'aurais voulu le tuer !

LE CAP. G. (*se passant la main sur le front*). — On n'est pas fait pour supporter de pareilles choses… ce n'est pas permis. (*Haut.*) Minnie, amour, je mourrais pour vous si cela pouvait vous secourir.

LA VOIX. — Ne parlons plus de mort. Il y en a déjà assez comme cela. Pip, n'allez pas, vous, mourir aussi.

LE CAP. G. — Si seulement j'osais.

LA VOIX. — Il dit : « Jusqu'à ce que la mort nous sépare. » Rien après… et du reste cela ne servirait à rien. Cela s'arrête à la mort. *Pourquoi* cela s'arrête-t-il là ? Et une vie si courte, encore. Pip, je regrette que nous nous soyons mariés.

LE CAP. G. — Non ? Tout, mais pas cela, Minnie !

LA VOIX. — Parce que vous oublierez et que j'oublierai. Oh ! Pip, n'oubliez pas. Je vous ai toujours aimé, quoique parfois je fusse contrariante. Si j'ai jamais rien fait qui vous ait déplu, dites que vous me pardonnez en ce moment.

LE CAP. G. — Vous n'avez jamais rien fait qui m'ait déplu, chérie, sur mon âme et sur mon honneur, jamais. Je n'ai pas la moindre chose à vous pardonner.

LA VOIX. — J'ai boudé toute une grande semaine à propos de ces pétunias. (*Avec un léger rire.*) En ai-je été, une petite misérable, et quelle peine cela vous a faite ! Pardonnez-le-moi, Pip.

LE CAP. G. — Il n'y a rien à pardonner. Ce fut ma faute. Ils *étaient* trop près de l'allée des voitures. Pour l'amour de Dieu, ne parlez pas ainsi, Minnie ! Il reste tant de choses à dire et si peu de temps pour les dire.

LA VOIX. — Dites que vous m'aimerez toujours… jusqu'à la fin.

LE CAP. G. — Jusqu'à la fin. (*Hors de lui.*) C'est un mensonge. Cela n'en peut être qu'un, attendu que nous nous sommes aimés. Ce n'est pas la fin.

LA VOIX (*retombant dans une sorte de délire*). — Mon paroissien, à moi, a au dos une croix d'ivoire, et *il* le dit, donc c'est vrai. « Jusqu'à ce que la mort nous sépare. » — Mais c'est un mensonge. (*Parodiant un geste de G.*) Un sacré mensonge ! (*D'un air insouciant.*) Oui, je jure aussi bien que le cavalier Pip. Je ne peux pas faire penser ma tête, pourtant. C'est parce qu'ils m'ont coupé les cheveux. Comment *pouvoir* penser avec une tête de hérisson ? (*D'un ton implorant.*) Tenez-moi bien, Pip ! Gardez-moi avec vous toujours, toujours. (*Retombant.*) Mais si vous vous mariez avec la petite Thorniss, quand je serai morte, je reviendrai hurler sous la fenêtre de votre chambre toute la nuit. Oh ! zut ! Vous me prendrez pour un chacal. Pip, quelle heure est-il ?

LE CAP. G. — Le jour va paraître, ma chère amie.

LA VOIX. — Je demande où je serai demain à cette heure-ci.

LE CAP. G. — Voudriez-vous voir le pasteur ?

LA VOIX. — Pourquoi le verrais-je ? Il me dirait que je vais au ciel ; et ce ne serait pas vrai, puisque vous êtes ici. Vous rappelez-vous quand il a renversé sa glace sur tout son pantalon au tennis des Gasser ?

LE CAP. G. — Oui, chère amie.

LA VOIX. — Je me suis souvent demandé s'il avait acheté un autre pantalon ; et pourtant le sien était si brillant qu'on ne pouvait vraiment pas s'en apercevoir à moins qu'on vous le dise. Faisons-le venir pour le lui demander.

LE CAP. G. (*gravement*). — Non. Je crois que cela ne lui ferait pas plaisir. Avez-vous la tête à l'aise, chérie ?

LA VOIX (*faiblement, avec un soupir de contentement*). — Ou-ué ! De grâce, Pip, quand vous êtes-vous rasé la dernière fois ? Vous avez le menton pire que le rouleau d'une boîte à musique… Non, ne le relevez pas. Je l'aime comme cela. (*Une pause.*) Vous disiez que vous n'aviez jamais pleuré. Vous pleurez sur toute ma joue.

LE CAP. G. — Je… je… je ne peux pas m'en empêcher, ma chère amie.

LA VOIX. — Comme c'est drôle ! Je ne pourrais pas pleurer en ce moment, quand il s'agirait de ma vie. (*G. frissonne.*) Ce dont j'ai besoin, moi, c'est de chanter.

LE CAP. G. — Cela ne vous fatiguerait-il pas ? Il vaut peut-être mieux que non.

LA VOIX. — Pourquoi ? Je ne veux pas qu'on m'ennuie. (*Elle commence d'une voix chevrotante et rauque.*)

> « Minnie fait un gâteau d'avoine, Minnie brasse de l'ale,
> Tout cela parce que son Yannik va rentrer de la mer,
> (C'est la manœuvre, Pip.)
> Rouge comme rose devient-elle, qui fut si pâle,
> Et dit : (Êtes-vous sûr que marche l'horloge du clocher ?) »

(*Avec humeur.*) Je savais bien que je ne pourrais pas monter jusqu'à la dernière note. Comment est-ce, à la main gauche ? (*Elle tire ses mains de dedans le lit et se met à jouer du piano sur le drap.*)

LE CAP. G. (*s'emparant de ses mains*). — Ahh ! Ne faites pas cela, chaton, si vous m'aimez.

LA VOIX. — Si je vous aime ? Naturellement, que je vous aime, qui pourrais-je aimer d'autre ?

Une pause.

LA VOIX (*très clairement*). — Pip, voici que je m'en vais. Il y a quelque chose qui m'étouffe affreusement. (*Indistinctement.*) Dans les ténèbres… sans vous, mon cœur… Mais c'est un mensonge, cher ami… il ne faut pas y croire… Pour jamais et jamais, vivants ou morts. Ne me laissez pas m'en aller, mon mari… tenez-moi bien… Ils ne peuvent pas… quoi qu'il arrive. (*Elle tousse.*) Pip… *mon* Pip ! Pas pour toujours… et… si… tôt ! (LA VOIX *cesse.*)

Suspension de dix minutes. G. *s'ensevelit le visage dans les draps, tandis que* L'AYAH *se penche sur le lit, du côté opposé, et tâte le sein et le front de* MRS. G.

LE CAP. G. (*se levant*). — *Docteur sahib ko salaam do*[27].

[27] Dites au docteur.

L'AYAH (*toujours contre le lit, avec un cri aigu*). — Aï ! Aï ! ma *memsahib* ! Pas morte — pas mourir — *Poussîna agya !*[28] (*Farouchement à* G.) *Tum jao docteur sahib ko jaldi*[29] ! Oh ! ma *memsahib* !

[28] La transpiration est venue.

[29] Vous aller au docteur.

LE DOCTEUR (*entrant précipitamment*). — Retirez-vous, Gadsby. (*Il se penche sur le lit.*) Hein ? Le di… Qu'est-ce qui vous a inspiré d'arrêter le punkah ? Sortez, mon brave… allez-vous-en… attendez dehors. *Allez !* Ici, ayah ! (*Par-dessus son épaule, à* G.) Remarquez-le, je ne promets rien.

Le jour paraît au moment où G. *pénètre en trébuchant dans le jardin.*

LE CAP. M. (*retenant son cheval à la grille au moment où il passe pour se rendre à la manœuvre, et très gravement*). — Mon vieux, comment cela va-t-il ?

LE CAP. G. (*ébloui*). — Je ne sais pas bien. Arrête un instant. Viens prendre un verre ou quelque chose. Ne te sauve pas. C'est le moment où cela devient drôle. Ha ! ha !

LE CAP. M. (*à part*). — Qu'est-ce qui *m'*arrive ? Gaddy a vieilli de dix ans en une nuit.

LE CAP. G. (*lentement, tout en maniant la têtière du cheval*). — Ta gourmette est trop lâche.

LE CAP. M. — En effet. Remets-la comme il faut, veux-tu ? (*A part.*) Je vais être en retard pour la manœuvre. Pauvre Gaddy.

> LE CAP. G. *attache et détache la gourmette sans savoir ce qu'il fait, et finalement reste là debout à regarder du côté de la verandah. Le jour grandit.*

LE DOCTEUR (*sorti de la gravité professionnelle, piétinant à travers les corbeilles de fleurs pour venir serrer la main à* G.) — C'est... c'est... c'est !... Gadsby, il y a des chances... de sacrées chances ! L'étincelle, vous savez ! La transpiration, vous savez ! Je l'avais bien *deviné*. Le punkah, vous savez ! Une femme diantrement intelligente, votre ayah. Elle a arrêté le punkah juste au bon moment. De sacrées chances ! Non... vous n'entrerez pas. Nous allons la tirer de là, je vous le promets sur ma réputation... si Dieu le permet. Envoyez un homme avec ce billet chez Bingle. Deux têtes valent mieux qu'une. Surtout l'ayah ! Nous allons la tirer de là. (*Il bat précipitamment en retraite dans la maison.*)

LE CAP. G. (*la tête sur le cou du cheval de* M.) — Jack ! Je gr... gr... grois que j'... j'... je bais me donner salement en spectagle.

LE CAP. M. (*reniflant ouvertement et tâtant dans sa manchette de gauche*). — Je b'... b'... je b'y donne déjà. Mon vieux, que te dire ? Je suis si gontent... Le diable d'emporte, Gaddy ! Du es un grand idiot, et boi, un autre. (*Se reprenant.*) Attention ! Voici venir Trompe-le-Diable.

LE SOUS-AUMÔNIER (*qui n'est pas dans la confidence du docteur*). — Nous... nous ne sommes que des hommes en ces sortes de choses, Gadsby. Je sais que mes paroles, en ce moment, ne peuvent être d'aucun secours...

LE CAP. M. (*avec jalousie*). — Alors, ne parlez pas. Laissez-le tranquille. Ce n'est pas tel qu'il y ait lieu de croasser. Tiens, Gaddy, porte le *chit*[30] à Bingle, et... train d'enfer ! Cela te fera du bien. Je ne peux pas y aller.

> [30] Billet.

LE SOUS-AUMÔNIER. — Lui faire du bien ! (*Souriant.*) Donnez-moi le *chit*, et je vais y aller en voiture. Laissez-le se coucher. Votre cheval barre le chemin à ma charrette... *si vous permettez !*

LE CAP. M. (*lentement, sans tirer sur la bride*). — Je vous demande pardon... je m'excuserai. Par écrit, si vous y tenez.

LE SOUS-AUMÔNIER (*tapant sur le cheval de* M.) — Voilà qui suffira, merci. Rentrez, Gadsby, et je vais ramener Bingle... hem, hem... « train d'enfer ».

LE CAP. M. (*seul*). — Je n'aurais eu que ce que je mérite s'il m'avait cinglé le visage. Il sait aussi ce que c'est que de mener un cheval. Je ne me soucierais guère d'aller à cette allure dans une charrette en bambou. Quelle foi il lui faut en son… bourrelier ! Allons, hue, cocotte !

Il s'éloigne au galop pour se rendre à la manœuvre, en se mouchant, tandis que le soleil se lève.

INTERVALLE DE CINQ SEMAINES

MRS. G. (*très pâle et le visage tiré, en peignoir du matin au petit déjeuner*). — Comme la pièce paraît grande et étrange, et, oh ! comme je suis contente de la revoir ! Quelle poussière, pourtant ! Il faut que je parle aux domestiques. Du sucre, Pip ? J'ai presque oublié. (*Sérieusement.*) N'ai-je pas été très malade ?

LE CAP. G. — Plus malade que je n'eusse voulu. (*Tendrement.*) Oh ! vilain petit chaton, quelle peur vous m'avez faite !

MRS. G. — Je ne recommencerai plus.

LE CAP. G. — Vous ferez bien. Et maintenant tâchez de reprendre vos couleurs, sans quoi je me fâcherai. N'essayez pas de soulever le samovar. Vous allez le renverser. Attendez.

Il s'en vient en faisant le tour jusqu'au haut bout de la table, et soulève le samovar.

MRS. G. (*vivement.*) — *Khitmatgar, bowarchikhana sî kettlé lao*[31]. (*Attirant la tête de* G. *tout contre la sienne.*) Mon Pip aimé, *je* me rappelle.

[31] Majordome, allez chercher une bouilloire à la cuisine.

LE CAP. G. — Quoi ?

MRS. G. — Cette dernière et terrible nuit.

LE CAP. G. — Alors, tâchez maintenant d'oublier tout cela.

MRS. G. (*doucement, les yeux se remplissant de larmes*). — Jamais. Cela nous a rapprochés *bien* près l'un de l'autre, mon mari. Là ! (*Intermède.*) Je vais donner une *sarie*[32] à Junda.

[32] Robe.

LE CAP. G. — Je lui ai donné cinquante *dibs*[33].

[33] Roupies.

MRS. G. — C'est ce qu'elle m'a dit. C'était une récompense énorme. Est-ce que j'en valais la peine ? (*Plusieurs intermèdes.*) Finissez ! Voici le *khitmatgar*… Deux morceaux ou un seul, Monsieur ?

LE DÉBORDEMENT DU JOURDAIN

Si les gens de pied vous ont fatigué quand vous avez couru avec eux, comment pourriez-vous courir contre ceux qui sont à cheval ? Si vous espériez d'être en assurance dans une terre de paix, que ferez-vous parmi des gens aussi fiers que le Jourdain lorsqu'il se déborde ?

DÉCOR. — *Le bungalow des* GADSBY *dans les plaines, un matin de janvier.* MRS. G. *discute avec le portefaix dans la verandah de derrière.* LE CAP. M. *arrive à cheval.*

LE CAP. M. — Bonjour, Mrs. Gadsby. Comment se portent le Petit Prodige et l'Orgueilleux Propriétaire ?

MRS. G. — Vous les trouverez dans la verandah de devant ; traversez la maison. Pour le moment je remplis le rôle de Marthe.

LE CAP. M. — Accablée par les soucis des khitmatgars ? Je me sauve.

Il passe dans la verandah de devant, où GADSBY *surveille* GADSBY JUNIOR, *âgé de dix mois, en train de ramper sur la natte.*

LE CAP. M. — Qu'est-ce qu'il te prend, Gaddy, de gâter ainsi la matinée d'un honnête homme ? (*Apercevant* GADSBY JUNIOR.) Ma parole, ce poulain-là se devient à merveille ? Un bon appoint d'os, là, sous le genou.

LE CAP. G. — Oui, c'est un petit gredin plein de santé. Ne crois-tu pas que les cheveux lui poussent ?

M. — Jetons un coup d'œil. Hi ! Hst ! Ici, général Luck, que nous fassions notre rapport sur vous.

MRS. G. (*dans l'intérieur*). — De quel nom absurde le baptiserez-vous encore la prochaine fois ? Pourquoi l'appelez-vous comme cela ?

M. — N'est-ce pas notre inspecteur général de cavalerie ? Ne s'en vient-il pas dans sa voiture, haute comme cela, tous les matins où les Hussards Roses font la manœuvre ? Ne gigotez pas, brigadier. Donnez-nous votre opinion personnelle sur la façon dont le troisième escadron a défilé. Un brin décousus, n'est-ce pas ?

G. — Tout ce que je désire, c'est de ne jamais revoir un tas de bouifs pareils aux derniers bleus. Ils m'ont fourni plus que ma belle part… en mettant la pagaille dans mon escadron. C'est à faire vomir !

M. — Quand vous aurez un commandement, vous tâcherez de faire mieux, jeune homme. Commence-t-on à marcher ? Tenez-vous à mon doigt pour essayer. (*A* G.) Cela ne peut lui faire mal aux boulets, n'est-ce pas ?

G. — Oh ! que non. Ne le laisse pas retomber, cependant, sans quoi il va t'enlever tout le cirage de tes bottes avec sa langue.

MRS. G. (*dans l'intérieur*). — Qui est-ce qui déblatère contre mon fils ?

M. — Et mon filleul. J'ai honte de toi, Gaddy. Jack, donnez-lui un coup de poing dans l'œil, à votre père. N'allez pas accepter cela ! Frappez-le encore !

G. (*sotto voce*). — Pose à terre le *butcha* et viens au bout de la verandah. Je préférerais que ma femme n'entende pas… pour le moment.

M. — Tu as l'air terriblement sérieux. Rien de grave ?

G. — Cela dépend entièrement de ton point de vue. Écoute, Jack, tu ne seras pas plus dur qu'il ne faut vis-à-vis de moi, n'est-ce pas ? Viens par ici plus loin… En deux mots voici l'affaire : je suis décidé… ou tout au moins je pense sérieusement… à lâcher le service.

M. — Hhhein ?

G. — Ne pousse pas de cris. Je vais envoyer ma démission.

M. — Toi ! Es-tu fou ?

G. — Non… seulement marié.

M. — Voyons ! Qu'est-ce tout cela veut dire ? Tu ne peux avoir dans l'idée de *nous* quitter. C'est *impossible*. Le plus bel escadron du plus beau régiment de la plus belle cavalerie du monde entier n'est-il pas assez bon pour toi ?

G. (*secouant la tête par-dessus son épaule*). — Elle n'a pas l'air de prospérer dans ce pays abandonné du ciel et de la terre, et il y a aussi le *butcha* à considérer, et tout cela, tu sais.

M. — Dit-elle qu'elle n'aime pas l'Inde ?

G. — C'est là le pire. Elle n'en soufflerait mot de peur d'avoir à me quitter.

M. — Pour quoi les montagnes sont-elles faites ?

G. — Pas pour ma femme à moi, en tout cas.

M. — Tu en sais trop, Gaddy, et… je ne t'en aime pas mieux pour cela !

G. — Que m'importe ? Il lui faut l'Angleterre, et le *butcha* n'en irait que mieux. Je vais tout lâcher. Tu ne comprends pas ?

M. (*chaudement*). — Je comprends *ceci* : cent trente-sept jeunes chevaux à peaufiner de façon quelconque avant que Luck revienne par ici ; des recrues qui ont un poil dans la main et qui nous causeront plus de turbin que les chevaux ; le camp comme certitude dès la première saison froide ; nous-mêmes les premiers à mobiliser ; le pétard russe prêt à éclater en cinq minutes, et toi, le meilleur de nous tous, te retirant de tout ! Réfléchis un peu, Gaddy. Tu *ne vas pas* faire cela.

G. — Mais, sacrebleu, un homme a des devoirs vis-à-vis de sa famille, je suppose.

M. — Je me rappelle un homme, cependant qui m'a dit, la nuit après Amdhéran, alors que nous étions à la corde sous le Jagai, et qu'il avait laissé son sabre — en passant, l'as-tu jamais payé à Ranken[34], ce sabre ? — dans la tête d'un Utmanzai… qui m'a dit qu'il ne me lâcherait jamais, ni moi ni les Roses, tant qu'il vivrait. Je ne le blâme pas de me lâcher, moi — je ne vaux pas les quatre fers d'un chien — mais je le blâme de lâcher les Hussards Roses.

[34] Ranken, le grand fabricant de sabres, à Londres.

G. (*d'un air gêné*). — Nous n'étions guère plus que des gosses, alors. Te rends-tu compte, Jack, de la tournure que les choses ont prise ? Ce n'est pas comme si nous étions au service pour gagner notre pain. Nous avons plus ou moins, nous tous, la sale galette. Je suis peut-être, sous ce rapport, plus veinard que d'autres. Il n'y a pas pour moi d'obligation de rester au service.

M. — Aucune pour toi comme pour nous, sauf l'obligation vis-à-vis du régiment. S'il ne te plaît pas d'obéir à cette obligation-là, naturellement…

G. — Ne te montre pas par trop dur vis-à-vis d'un semblable. Tu sais bien que quantité d'entre nous n'acceptent la chose que pour quelques années, et puis s'en reviennent à Londres reprendre la vie avec les autres.

M. — Pas des quantités, et ces gens-là ne sont pas *nous*.

G. — Et puis il faut aussi considérer les affaires qu'on a au pays… mon coin de terre et les revenus, et tout cela. Je ne pense pas que mon père aille bien loin maintenant, et cela, c'est le titre et tout ce qui s'ensuit.

M. — Tu as peur de ne pas figurer correctement dans le Stud Book à moins de
retourner au pays. Prends six mois, alors, et reviens en octobre. Si je pouvais
estourbir un frère ou deux, je crois que je serais quelque chose comme marquis.
Le premier imbécile venu peut l'être ; mais il faut des *hommes*, Gaddy…, des
hommes comme toi… pour mener proprement des escadrons flanc-garde. Ne
va pas te mettre dans la tête que tu retournes au pays pour prendre ta place et
faire la roue au milieu de douairières kabouli au nez rouge. Tu n'es pas bâti pour
cela. C'est moi qui te le dis.

G. — Tout homme a le droit de vivre sa vie aussi heureusement qu'il peut. Tu
n'es pas marié, toi.

M. — Non… grâce à la Providence et à la femme ou deux qui ont eu le bon
sens de me refuser.

G. — Alors tu ne sais pas ce que c'est que d'entrer dans sa chambre et de voir
la tête de sa femme sur l'oreiller, pour se demander, alors que tout le reste est
sauf et la maison sous les verrous pour la nuit, si les poutres du toit ne vont pas
céder et la tuer.

M. (*à part*). — Révélations première et seconde ! (*Haut.*) Ssss ! J'ai connu un
homme qui se grisait jadis à notre mess et m'a confié qu'il n'aidait jamais sa
femme à monter à cheval sans prier pour qu'elle se rompe le cou avant de rentrer.
Tous les maris ne se ressemblent pas, tu vois.

G. — Que diable cela peut-il avoir à faire avec mon cas ? Il fallait que cet
homme-là fût fou, ou sa femme pas grand'chose de rare.

M. (*à part*). — Pas ta faute si les deux n'étaient pas tout ce que tu dis. Tu as oublié
le temps où la Herriott t'avait fait perdre la raison. Tu as toujours eu le don
d'oublier. (*Haut.*) Pas plus fou que les gens qui vont à l'autre extrême. Sois
raisonnable, Gaddy. Les poutres de ton toit sont assez solides.

G. — Ce n'était qu'une façon de parler. Je me suis toujours senti inquiet et
tracassé au sujet de ma femme depuis cette affreuse affaire d'il y a trois ans…
quand… j'ai failli la perdre. Peux-tu t'en étonner ?

M. — Oh ! un obus ne tombe jamais deux fois à la même place. Tu as payé ta
part de malheur… Pourquoi serait-ce ta femme qui se trouverait choisie plutôt
que celle d'un autre ?

G. — S'il ne s'agissait que de parler, je peux le faire tout aussi raisonnablement
que toi, mais tu ne comprends pas… tu ne comprends pas. Et puis il y a le *butcha*.
Dieu seul sait où son ayah le mène s'asseoir quand arrive le frais ! Il a un petit
commencement de rhume. N'as-tu pas remarqué ?

M. — La bonne blague ! Le *brigadier* crève de santé. Il a le museau comme une feuille de rose et le coffre d'un poulain de deux ans. Qu'est-ce qui a bien pu te démoraliser ?

G. — La frousse. En un mot comme en cent : la frousse !

M. — Mais qu'est-ce qu'il y *a* pour y donner lieu ?

G. — Tout. C'est effarant.

M. — Ah ! je devine.

> « You don't want to fight,
> And by Jingo when we do,
> You've got the kid, you've got the wife,
> You've got the money, too[35]. »

[35]

> « Vous ne voulez pas vous battre,
> Et par Jingo quand nous nous battons,
> Vous avez le petit, vous avez la femme,
> Vous avez l'argent aussi. »

Chanson qui fut composée lors d'un projet de guerre entre l'Angleterre et la Russie, en 1878, et qui a donné naissance au mot « jingoïsme ». Ici, Mafflin modifie le texte du troisième vers qui, dans la chanson originale, est : « *We've got the men, we've got the ships.* »

Hein, c'est à peu près le cas ?

G. — Je suppose que oui. Mais ce n'est pas pour moi. C'est à cause d'*eux*. Du moins, je le crois.

M. — Es-tu sûr ? En envisageant les choses de sang-froid, ta femme est pourvue même au cas où tu serais nettoyé dès ce soir. Elle a une demeure seigneuriale où se retirer, de l'argent, et le *brigadier* pour continuer à porter le nom illustre.

G. — Alors c'est pour moi-même ou parce qu'ils sont une partie de moi. Tu ne le vois pas. Ma vie est si bonne, si agréable, telle qu'elle est, que j'ai besoin de la rendre tout à fait stable. Est-ce que tu ne comprends pas ?

M. — Parfaitement. « Tranchée-abri pour cheval d'officier », comme on dit dans la ligne.

G. — Et j'ai tout ce qu'il faut en main pour la rendre telle. J'en ai soupé, de la tension morale et de la bile à leur sujet ici, et je ne vois pas qu'il y ait pour moi la moindre difficulté à envoyer tout promener. Cela me coûtera seulement… Jack, j'espère que tu ne connaîtras jamais la honte par laquelle j'ai passé durant ces derniers six mois.

M. — Tiens bon là ! Je n'ai pas besoin qu'on me dise. Tout homme a ses hauts et ses bas.

G. (*riant amèrement*). — Tu crois ? Qu'est-ce que tu dis du monsieur qui tend le cou pour voir où son cheval met le pied ?

M. — Dans mon cas, cela signifie que j'ai fait la noce, et que j'arrive à la manœuvre avec le mal aux cheveux ! Cela passe en trois foulées.

G. (*baissant la voix*). — Cela ne passe jamais avec moi, Jack. J'y pense toujours. Phil Gadsby ayant la frousse d'une chute à la manœuvre ! Un joli tableau, n'est-ce pas ? Dessine-le pour moi.

M. (*gravement*). — Dieu me pardonne ! Un homme comme toi ne peut pas en arriver à ce degré-là. Une chute n'a rien d'agréable. Mais on ne pense jamais à cela.

G. — Tu crois ? Attends d'avoir à toi femme et enfant, et alors tu sauras comment le grondement de l'escadron derrière vous vous fait froid tout le long du dos.

M. (*à part*). — Et c'est là l'homme qui menait à Amdhéran après que Bayal-Deasin eût été dévissé, et nous étions tous en *méli-mélo*, et il sortit de la bagarre ruisselant comme un boucher. (*Haut.*) Balivernes ! Les files peuvent toujours s'entr'ouvrir, et vous pouvez toujours plus ou moins chercher votre chemin. Nous autres, nous n'avons pas la poussière pour nous embêter, comme les hommes, et qu'est-ce qui a jamais entendu parler d'un cheval mettant le pied sur un homme.

G. — Jamais… tant qu'il est en état de voir. Mais est-ce qu'ils se sont entr'ouverts pour le pauvre Errington ?

M. — Oh ! voilà qui est puéril !

G. — Je sais que cela l'est, et pire que cela. Peu m'importe. Tu as monté Van Loo. Est-ce une bête à chercher son chemin… surtout lorsque nous partons à bonne allure à l'attaque en colonne ?

M. — C'est une fois par hasard que nous partons à l'attaque en colonne, et alors seulement pour épargner du temps. Est-ce que tu n'as pas assez de trois longueurs ?

G. — Oui… tout à fait assez. C'est juste ce qu'il faut d'espace pour se voir écrasé dans les règles. Je parle en chien hargneux, je le sais bien ; mais ce que je veux te dire, c'est que, ces derniers trois mois, je me suis senti tous les sabots de l'escadron au bas du dos chaque fois que j'ai commandé.

M. — Mais, Gaddy, c'est terrible !

G. — N'est-ce pas délicieux ? N'est-ce pas royal ? Un capitaine de Hussards Roses gorgeant d'eau son cheval avant la manœuvre comme le sacré soulaud de colonel d'un régiment indigène.

M. — Tu n'as jamais fait cela !

G. — Une fois seulement. Il gargouillait comme une outre, et mon vieux chef m'a regardé du coin de l'œil. Tu connais l'œil du vieux Haffy. J'ai eu peur de recommencer.

M. — Je te crois. C'était le meilleur moyen de flanquer une hernie au pauvre Van Loo, et de te faire esquinter. Tu le *savais* bien.

G. — Peu m'importait. Cela lui enlevait le mordant.

M. — « Lui enlevait le mordant ! » Gaddy, il… il… il *ne faut pas*, tu sais ! Pense aux hommes.

G. — Cela, c'est encore une chose dont j'ai peur. Crois-tu qu'ils savent ?

M. — Espérons que non ; mais ils sont salement prompts à reluquer le frouss… de petites choses de ce genre. Écoute, mon vieux, envoie la femme au pays pour la saison chaude et viens au Kashmir avec moi. Nous aurons un bateau sur le Dal ou traverserons le Rhothang… nous flânerons ou nous chasserons le bouquetin ou… ce qui te plaira. Seulement, *viens* ! Tu boudes un brin sur ton avoine, et tu dis des bêtises. Regarde le colonel… tout vieux lascar ventripotent qu'il est. Lui aussi a une femme et des châteaux à n'en plus finir. Y en a-t-il un de nous capable de lui damer le pion à cheval… malgré sa goutte et tout ? Moi, je ne peux pas, et je crois savoir ce que c'est que de pullupper.

G. — Il y a des gens autrement bâtis. Je n'ai pas le nerf. Dieu m'aide, je n'ai pas le nerf ! J'ai raccourci mes étriers d'un cran et demi pour avoir les genoux bien aux sacoches. Je n'y peux rien. J'ai tellement peur qu'il m'arrive quoi que ce soit ! Sur mon âme, on devrait me casser devant l'escadron pour couardise.

M. — Un vilain mot, cela. Je n'aurais jamais le courage d'avouer.

G. — Mon intention, en commençant, était de mentir sur mes véritables motifs, mais… mais j'ai perdu l'habitude de te mentir, mon vieux. Jack, motus, n'est-ce pas ?… Mais je sais bien que c'est inutile avec toi.

M. — 'Turellement. (*Presque tout haut.*) Voilà que les Roses paient cher leur Orgueil.

G. — Hein ! Quo-oi ?

M. — Ah ! tu ne sais pas ? Les hommes ont toujours appelé Mrs. Gadsby l'Orgueil des Hussards Roses depuis qu'elle nous est arrivée.

G. — Ce n'est pas *sa* faute. Ne le crois pas. C'est entièrement la mienne.

M. — Que dit-elle ?

G. — Je ne lui ai pas encore positivement soumis la question. C'est la meilleure petite femme de la terre, Jack, et tout le reste… mais ce n'est pas celle qui conseillerait à un homme de rester attaché à son métier si ce métier s'interposait entre lui et elle. Au moins, je crois…

M. — N'importe. Ne lui dis pas ce que tu m'as dit. Appuie sur la succession du titre et des terres.

G. — Elle devinerait. Elle est dix fois plus fine que moi.

M. (*à part*). — Alors elle acceptera le sacrifice et pensera un petit peu plus mal de lui pour le reste de ses jours.

G. (*d'un air absent*). — Dis-moi, est-ce que tu me méprises ?

M. — Drôle de façon de poser la question. Est-ce qu'on te l'a quelquefois posée ? Réfléchis une minute. Quelle réponse faisais-tu ?

G. — Comment, j'en suis *là* ? Je ne peux guère m'attendre à davantage ; mais c'est un brin dur quand c'est son meilleur ami qui se retourne contre vous et…

M. — C'est ce que je trouve. Mais tu auras des consolations… intendants et drainages, l'engrais liquide, la *Primrose League*[36] et, peut-être, si tu as de la veine, le commandement d'un régiment de cav-ale-rie yeomanry… épaulette et galons, je crois, mais pour ce qui est de faire du cheval… Quel âge as-tu ?

[36] La ligue des Conservateurs.

G. — Trente-trois ans. Je sais que c'est…

M. — A quarante tu seras un imbécile de gros propriétaire. A cinquante tu te feras pousser dans une petite voiture, et le *brigadier*, s'il te ressemble, passera son temps à effaroucher toutes les petites colombes de... quel est le nom du patelin où tu vas ? En outre, Mrs. Gadsby aura pris de l'embonpoint.

G. (*mollement*). — Voilà qui dépasse un peu la plaisanterie.

M. — Tu crois ? N'est-ce pas dépasser la plaisanterie que de lâcher le service ? Cela vous demande en général cinquante ans pour arriver à cette plaisanterie-là. Tu as bien raison, cependant. Cela dépasse la plaisanterie. Tu t'es arrangé pour la faire au bout de trente-trois ans.

G. — N'appuie pas sur l'amertume de la chose. Seras-tu content si j'avoue être un lâcheur, un froussard et un couard ?

M. — Non, attendu que je suis le seul homme au monde à pouvoir te parler de la sorte sans me faire assommer. Il ne faut pas prendre à cœur, de cette façon-là, tout ce que je t'ai dit. Je ne parlais — en grande partie, du moins — que par pur égoïsme, parce que, parce que... Oh ! zut, mon vieux... je me demande ce que je ferai sans toi. Naturellement, tu as l'argent, la terre, et tout... et tu as ici deux bons motifs pour veiller à toi.

G. — Cela ne rend pas la chose plus douce. Je me sauve... je le sais bien. J'ai toujours eu quelque part en moi un point faible... et je n'ose risquer aucun danger à cause d'*eux*.

M. — Pourquoi diable le ferais-tu ? Tu es tenu de penser à ta famille... tenu d'y penser. Er-hmm. Si je n'étais pas fils cadet, je m'en irais aussi... que je sois pendu si je ne le ferais pas !

G. — Merci, Jack. C'est un gentil mensonge, mais c'est le plus noir que tu aies proféré depuis quelque temps. Je sais ce que je fais, et l'entreprends en connaissance de cause. Mon vieux, c'est plus fort que moi. Qu'est-ce que tu ferais à ma place ?

M. (*à part*). — Peux pas m'imaginer une femme en permanence entre moi et le régiment. (*Haut.*) Ne saurais dire. Fort probable que je ne ferais pas mieux. Je suis fâché pour toi... affreusement fâché... mais « si ce sont tes sentiments », je crois... oui, je crois que tu agis sagement.

G. — Vrai ? Je l'espère. (*Tout bas.*) Jack, sois très sûr de toi-même avant de te marier. Je suis un ingrat ruffian de le dire, mais le mariage — même un mariage aussi réussi que le mien — est une entrave à l'ouvrage d'un homme, lui paralyse le bras droit, et, oh, cela disperse vos idées de devoir aux quatre vents ! Quelquefois — aussi bonne et aussi douce qu'elle soit — quelquefois j'aurais presque le désir d'avoir conservé ma liberté... Non, ce n'est pas exactement cela que je veux dire.

MRS. G. (*arrivant dans la verandah*). — A propos de quoi ce branlement de tête, Pip ?

M. (*se retournant vivement*). — A propos de moi, comme d'habitude. Le vieux sermon. Votre mari me conseille de me marier. Jamais vu pareil monomane !

MRS. G. — Mais pourquoi non ? Je ne dis pas que vous ne rendiez quelque femme très heureuse.

G. — Voilà la loi et les prophètes, Jack. Peu importe le régiment. Rends une femme heureuse. (*A part.*) Bon Dieu !

M. — Nous verrons. Il faut que j'aille faire le désespoir d'un de nos cuisiniers. Je ne veux pas qu'on nourrisse mes petits housards de tibias de bœufs de trait. (*Avec vivacité.*) Pour sûr que les fourmis ne sauraient être bonnes pour le *brigadier*. Il est en train de les ramasser sur la natte pour les boulotter. Ici, Señor Comandante Don Salenez, venez me parler. (*Il soulève* G. JUNIOR *dans ses bras.*) Vous voulez ma montre ? Vous ne seriez jamais capable de la mettre dans votre bouche, mais vous pouvez essayer.

G. JUNIOR *laisse tomber la montre, et brise cadran et aiguilles.*

MRS. G. — Oh, capitaine Mafflin, je suis désolée ! Jack, méchant, méchant petit vilain. Ahhh !

M. — Cela n'a pas la moindre importance, je vous assure. Il traiterait l'univers de la même façon s'il pouvait le prendre dans ses mains. Tout est fait pour servir de jouet et se voir brisé, n'est-ce pas, jeune homme ?

....

MRS. G. — Mafflin n'a pas dû trouver drôle du tout de voir sa montre brisée, quoiqu'il ait été trop poli pour le dire. C'est entièrement sa faute. Pourquoi l'avoir donnée à l'enfant ? Ces petites pattes-là sont très, très faibles, n'est-ce pas, mon Jacquot ? (*A Gadsby.*) Pourquoi voulait-il vous voir ?

G. — Cette sale boutique du régiment, comme d'habitude.

MRS. G. — Le régiment ! *Toujours* le régiment. Ma parole, je me sens quelquefois jalouse de Mafflin.

G. (*avec lassitude*). — Le pauvre vieux Jack ? Je ne crois pas que vous en ayez besoin. N'est-ce pas l'heure pour le *butcha* de faire son somme ? Apportez une chaise ici pour vous, ma chère amie. J'ai à vous parler.

ET TELLE EST LA FIN DE L'HISTOIRE DES GADSBY

www.ingramcontent.com/pod-product-compliance
Lightning Source LLC
Chambersburg PA
CBHW021333160726
47994CB00007B/2668